류랑도의

경영직설

류랑도의

경영직설

經營直說

Pegasus
페가수스

지금, 변화와 혁신의 시간

기업과 경영자는 지금 즉시 변화와 혁신을 실행해야 합니다.
변화와 혁신은 문서로 날짜를 정하고 시작하는 것이 아니라
절박한 마음으로 지금 당장 나부터 시작하는 것입니다.

지난해보다 올해 달라진 것은 무엇인가요?
지난해처럼 일하면서 올해 연말에 다른 결과를 기대한다면
다시 한번 생각해 봐야 할 문제입니다.

다짐과 각오와 슬로건이
다른 결과를 가져오게 만들지는 않습니다.
프로세스와 기준과 전략과 방법을

지난해와 다르게 시도해야 합니다.

무엇보다 임원, 본부장, 부서장, 지점장, 팀장과 같은

조직의 리더들이 역할 행동을 혁신하지 않으면

회사의 변화와 혁신은 물 건너간 셈입니다.

또한 고객 접점에서 실행책임을 맡고 있는

실무 성과책임자들의 능력과 역량을 육성하지 않으면

외부환경이 변하기만을 빌고 또 빌어야 합니다.

당신이 할 수 있는 것은 별로 없습니다.

기껏해야 기도와 원망과 핑계와 변명뿐입니다.

기업은 시장에서 살아남기 위해

끊임없이 변화하고 혁신하려 합니다.

비즈니스 모델을 혁신하고, 고객을 대하는 방법을 혁신하고,

제품과 서비스를 혁신하고, 제도와 시스템을 혁신하고,

일하는 프로세스와 방법을 혁신하고,

리더와 실무자의 능력과 역량을 혁신하려고 합니다.

그러나 대부분의 사람들은 변화와 혁신을 싫어합니다.

뇌의 특성에 따른 인체 메커니즘 탓도 있겠지만,

귀찮고 번거롭기 때문입니다.

지금껏 익숙하게 해 온 것을 바꾸려면

새롭게 적응해야 하고,

제대로 할 수 있을지도 잘 모르겠고,

잘 안 되면 어쩌나 하는 불안감과 두려움이

마음속 깊은 곳에 똬리를 틀고 있습니다.

자신의 관점으로 회사를 바라보지 말고,

회사의 관점에서 자신을 바라보아야 합니다.

내부의 관점으로 회사를 바라보지 말고,

시장의 관점으로 회사를 바라보아야 합니다.

과거의 관점으로 현재를 바라보지 말고,

미래의 관점으로 현재를 바라보아야 합니다.

전년 동기 대비 현재를 논하지 말고,

미래 목표 대비 현재를 논해야 합니다.
그래야 변화와 혁신의 기준이 보입니다.

"올해 목표에는 미치지 못했지만, 전년보다는 성장했습니다."

참으로 답답하고 한심한 말 잔치일 뿐입니다.
경쟁자들은 어떤지 한번 보십시오.
어제에 머물러 있던가요?
자신의 과거를 옹호하거나 인정하지 말고,
시장과 미래를 바라보아야 합니다.
그래야 어제보다 한 걸음 더 성장하고 발전할 수 있습니다.

혁신을 위해 하는 일에 푸념하거나 변명해서는 안 됩니다.
월급은 받고 싶은데 새롭게 바꾸고 변화하는 것은 귀찮고 싫다면,
다른 일을 찾아보는 것이 맞습니다.
어느 직장이든 정상적인 생각을 하는 기업이라면,

살아남기 위해 악착같이 변화하고 혁신하려 할 것이기 때문에,
고정관념에 사로잡혀 있거나
변화하고 혁신하기 싫어하는 사람들은
환영받지 못하고 자연스럽게 도태될 것입니다.
변화와 혁신은 선택이 아니라 필수입니다.
살아남기 위해 일상이 되어야 합니다.

회사와 같이 일하기로 했으면 잘될 방법을 같이 고민해야 합니다.
내가 기여할 수 있는 것이 무엇인지 생각해야 합니다.
그것이 도리이고 예의이고 생존의 비법입니다.

직장생활의 본질이 무엇인지 우리 모두 잘 알고 있습니다.
직장생활의 본질은 거래입니다.
직장과 직장인의 관계는 거래 관계입니다.
직장은 직장인에게, 직장인은 직장에게 상호 고객입니다.
상하관계나 종속관계나 가족관계가 아니라 동업자 관계입니다.

서로 거래할 것이 없으면 자연스레 헤어지는 것이 순리입니다.

근무하고 있는 직장을 자신이 기여하고 발전시켜야 할 대상이자

함께 성장해야 할 운명공동체라고 생각한다면,

내로남불의 태도를 보이거나 동료를 존중하지 않거나

직장에서 원하는 인재상에 걸맞지 않은 모습을 보여서는 안 됩니다.

성과를 창출해내지 못하고 역량이 미흡하다면,

부족한 자신을 가만두지 말고,

지금 당장 분석하고 변화하고 혁신해야 합니다.

회사와 함께 성장하고 발전하려면,

받아야 할 것만 주장하지 말고,

어떻게 기여할 것인가를 고민하고 생각해야 합니다.

그것이 순리입니다.

자신으로 인해 회사의 미래가 가로막히지 않도록 해야 합니다.

변화와 혁신은 날짜를 정해서 실행하는 것이 아니라

지금 당장 바로 나부터 시작해야 합니다.

변화와 혁신은 회사의 공문으로 시작하는 것이 아니라

절박함과 간절함으로 오늘 지금 바로 시작하는 것입니다.

성수동 협성재에서

류랑도

차례

1부

응변창신 應變創新

미래를 기준으로
현재에 충실하라

관점과 개념과 용어를 바꿔야
일하는 문화가 달라진다

산업사회, 성장 시대의 직장은 수직적 계층조직 형태였습니다.

수직적 계층조직은 상사 중심의 지시통제 방식입니다.

PDS(Plan, Do, See & Feedback)라는

계획하고 실행하고 점검하고 피드백하는 업무관리방식입니다.

상사 중심의 업무지시통제를 가능하게 하는 도구가

주간업무회의, 위임전결규정, 업무결재제도입니다.

이제 업무회의와 전결규정과 결재제도의 형태를

실무자 중심, 역할과 책임 중심의

자율책임경영이 가능하도록 혁신해야 합니다.

지금은 디지털 지식사회, 성숙시대입니다.

인터넷과 AI가 근무환경의 기반이 되었고,

구성원들의 인식 기준이 달라졌습니다.

예전의 수직적 계층조직으로는

구성원들의 일하고 싶은 마음을 끌어내기 어렵습니다.

수평적 역할조직이 필요합니다.

팀원은 팀장의 부하가 아니라 팀장과 역할이 다른 동료입니다.

본부장은 팀장의 윗사람이 아니라 난도 높은 일을 하는 동료입니다.

수평적인 역할조직에는 자기완결적 자율책임이 필요합니다.

각자 연간, 분기, 월간, 주간 단위로,

자신의 역할과 책임의 기준을 바탕으로

업무를 기획하고 계획해야 합니다.

상사가 아닌 상위리더가 성과코칭하고,

권한위임을 바탕으로 각자 자신의 업무를

기간별로 과제와 목표를 설정해 실행하고,

실행자 스스로 자기 성과를 평가하고 피드백하는

PXR(Preview, causal eXecution, Review) 방식이 적합합니다.

혹시 당신이 근무하는 직장에서

종업원, 상사, 부하, 실적, 계획, 피평가자 등의 용어를

아직도 무의식적으로 사용하고 있습니까?

종업원 대신 구성원이나 동업자,

상사 대신 리더, 부하 대신 성과책임자로 용어를 바꿔야 합니다.

일하는 방식을 표현하는 용어도

'실적' 대신 '성과'를 의도적으로 사용하는 게 좋습니다.

실적이란 실행자가 열심히 노력한 결과물이고

성과란 기대하는 결과물인 목표를 달성한 상태를 말합니다.

개념과 용어의 선택이

실행자 중심의 열심히 일하는 문화로 가느냐,

수요자 중심의 제대로 일하는 문화로 가느냐를 결정하는

갈림길이 될 수 있습니다.

'계획 대비 실적'을 '목표 대비 성과'로,

'주간계획', '주간업무계획'을 '주간기획, 주간성과기획'으로,

'업무회의'를 '성과코칭'으로, '실적보고'를 '성과공유'로,

'연간사업계획'을 '연간경영기획'으로,

'리뷰'와 함께 '프리뷰'를 사용하고,

'피드백'과 함께 '피드포워드(feedforward)'를 사용하면 좋습니다.

"관점이 바뀌면 용어가 달라지고,
용어가 바뀌면 생각이 달라지고,
생각이 바뀌면 행동이 달라지고,
행동이 바뀌면 문화가 달라지고,
문화가 바뀌면 성과가 달라진다."

하자를 전제로
집을 설계하지는 않는다

'오류율 5%, 불량률 1.5%가 목표가 될 수 있을까?'

올해의 품질 성과를 분석해 봤더니,

오류율 10%에 오류건수가 90여 건 발생했습니다.

내년 목표를 정하기 위해 초안을 작성해보라고 했더니,

해당 조직장은 올해보다 절반 감소한 오류율을

도전적인 목표라며 설정해서 제출했습니다.

과연 제대로 된 목표설정일까요?

올해 불량률을 추정해보니 대략 3%가 조금 넘었습니다.

생산팀에 내년 초안 목표를 설정해보라고 하니

올해 대비 절반 감소한 1.5%의 불량률을 제시했습니다.

목표가 제대로 설정된 걸까요?

수정해야 한다면 어떤 수준으로 설정해야 할까요?

사업계획 수립 시 흔히 저지르는 실수가

과거 대비 수치를 사용하는 것입니다.

전년보다 나아졌으면 잘했다고 생각하는 것입니다.

이러한 생각의 저변에는 평가에 대한 걱정이 깔려있습니다.

혹시 목표 수준을 불리하게 설정해서 한 해를 시작하기도 전에

평가등급을 B나 C로 깔고 가는 것 아니냐고 생각하는 겁니다.

이런 모습을 보면 리더나 실무자들의 머릿속에

목표에 대한 인식이 어떻게 형성되어 있을까 걱정이 듭니다.

일을 하기 전에 목표를 설정하는 것은

집을 짓기 전에 설계 도면을

그리는 것과 이치가 같습니다.

집을 짓기 전에 설계 도면을 그리면서

'하자'를 전제로 하지는 않습니다.

공사를 하다 보니 어쩔 수 없이 '하자'가 생기는 것이지

'하자'를 전제로 설계하지는 않습니다.

일도 마찬가지입니다.

목표는 언제나 완성도 100%입니다.

목표의 역할은 기대하는 수준과 현재 수준의 갭(Gap)을 규명하고,

갭을 해결하기 위한 창의적인 방법을 찾아내는 것입니다.

우리는 목표를 평가의 기준으로 생각해왔지,

문제를 찾아내고 문제를 해결하기 위한 수단으로

활용할 생각은 잘 하지 않았습니다.

"목표는 미래의 대리인이자 리더의 대리인이며,
기대하는 결과물의 대리인이다."

1년에 2배 성장은 힘들지만,
5년에 10배 성장은 가능하다

1년 안에 파격적인 성장은 어렵겠지만,
5년의 도전적인 목표는 충분히 이뤄낼 수 있습니다.
기간별로 목표로 설정해 과정성과를 착실히 축적해 나간다면
중장기 성과를 충분히 창출해 낼 수 있습니다.

성과창출의 전제조건은
기대하는 재무 성과에 직접적인 영향을 미칠 수 있는
인과적인 목표를 성과로 창출해내는 것입니다.
성과를 창출해내기 위해서는 고객이 원하는 상품을
제품과 서비스 형태로 준비할 수 있느냐가 관건입니다.
타깃고객을 명확하게 선정하고

타깃고객이 원하는 상품의 조건을 구체적으로 파악하면,
제품과 서비스를 만드는 건 인소싱도, 아웃소싱도 할 수 있습니다.
기업의 영속성을 확보하기 위한 핵심은,
제품과 서비스 이전에 어떤 니즈(needs)와 원츠(wants)를 가진
타깃고객과 비즈니스 하느냐입니다.

현재 매출이나 이익을 기준으로
막연히 3년, 5년 뒤 재무적인 수치 목표를 정하는 것은,
중장기 비전과 목표를 설정하는 방법이 아닙니다.
타깃 고객의 선정과 타깃 고객에게 제공할 가치의 설정,
이 두 가지가 미래를 여는 열쇠입니다.
타깃 고객을 정하고, 필요한 상품을 준비하고,
내부역량을 확보하는 것은 단기간에 이루기 어렵습니다.
그래서 단기 성과목표의 비약적 증대가 힘들고 어려운 겁니다.

5년 후를 비전 달성 연도와 중장기 목표로 삼고,
재무적인 목표, 타깃 고객의 기준, 타깃 고객에게 제공할 가치 기준,
필요한 제품과 서비스 목표와 전략, 필요자금의 조달전략,
내부 필요역량의 확보전략, 필요인력 육성 목표와 전략 등을
구체화해서 순조롭게 진행한다면,
충분히 성과를 창출할 수 있습니다.

작년 매출 300억의 성과를 토대로

5년 후 매출 3,000억을 달성하겠다는 중장기 목표를 정하고,

내년 1,000억, 올해 500억을 과정 성과목표로 정한 다음,

인과적인 선행전략과제를 도출해 연도별로 실행해 나간다면

어렵긴 하겠지만 못할 것도 없습니다.

"미래를 기준으로 미래의 과거인 현재를 바라보면,
무엇을 준비하고 어떤 위험요인을 예방해야 하는지
구체적으로 파악할 수 있다."

권한위임은 상위리더가 실행자에게 알아서 하라고
일을 맡기는 것이 결코 아닙니다.
실행자가 상급자에게 알아서 할 테니
자신을 믿고 일을 맡겨 달라는 것도 권한위임이 아닙니다.
둘 다 자율을 가장한 방임일 뿐입니다.
권한위임을 제대로 하지 못하면
실행자가 일한 결과에 대해 책임을 묻기 어렵습니다.

조직을 책임지는 사람이라면 누구를 막론하고
성급하고 조급할 수밖에 없습니다.
그렇더라도 조직의 책임자라면

조직원들보다 능력과 역량을 갖춘 사람일 것이기 때문에
직관력이나 통찰력이 실행자들보다 뛰어날 것입니다.

조직장들은 선수가 아니라 코치나 감독이기 때문에
숲속의 나무가 아니라 숲의 위치에 서 있습니다.
선수가 보지 못하는 것을 코치나 감독이 볼 수 있듯이
조직장들은 실무자들이 보지 못하거나 생각하지 못한 것을
먼저 보거나 생각할 가능성이 큽니다.
그래서 자신이 보거나 생각한 것을 실행자들이 깨닫지 못하면
답답하고 안타까운 마음에
먼저 말하거나 질책하고 다그치게 됩니다.
이게 습관이 되면, 일을 시작하고, 실행하고, 심지어 끝낸 뒤까지
잔소리를 많이 하게 됩니다.

조직장들은 되도록 빨리 결과를 보고 싶어 하고,
모든 수단과 방법을 한꺼번에 사용하고 싶어 합니다.
리더가 실행자에게 먼저 이래라저래라 지침을 주거나,
자기 경험과 지식을 바탕으로 실행방법을 단호하게 지시하면,
실행자들은 입을 다물고 눈치만 볼 뿐,
자신의 의견을 제대로 말하지 않습니다.
무슨 말을 하더라도 어차피 상급자의 뜻대로 될 거니까

괜히 긁어 부스럼을 만들고 싶지 않다는 것입니다.

그래서 조직장들은 함께 일하는 실행자들과

제대로 소통하는 프로세스를 혁신적으로 개선해야 합니다.

조직장이 먼저 말하지 말고,

기준과 프로세스에 따라 실행자가 글로 쓰게 하고,

글로 쓴 것을 말하게 해야 합니다.

그런 다음, 실행자가 말한 내용을 조직장이

검증하고 감리하는 질문을 던지는 과정을 통해,

실행자 스스로 생각하고 답을 찾게 해야 합니다.

물론 예외는 있습니다.

아주 다급하고 위급할 때는 조직장이나 리더가 실행자가 되고

실행자들은 시키는 대로 움직여야 할 수 있습니다.

당연히 결과에 대해서는 리더가 책임져야 할 것입니다.

또한 실행자의 능력과 역량이 턱없이 부족하다고 판단될 때는

권한위임의 기간을 1~2일 단위로 짧게 주고

실행지침과 방법도 미리 준 다음,

실행 결과를 자주 체크해야 합니다.

실행은 어차피 실행자가 합니다.

그렇다면 실행자의 생각이 중요합니다.

실행자의 머리로 생각하고

실행자의 손으로 생각을 글로 쓰게 하고

실행자의 입으로 말하게 해야 실행력이 높아집니다.

실행자들도 알아서 하겠다거나

무턱대고 믿고 맡겨 달라고 하지 말고,

자신이 생각하는 기대하는 결과물을 성과로 창출하기 위한

인과적인 전략과 방법을 미리 상위 리더나 일을 지시한 사람에게

먼저 제안하고 성과코칭을 받아야 합니다.

"리더와 실행자는 일을 시작하기 전에
선제적으로 소통하고 공감대를 형성해야 한다.
그래야 리더의 불안을 해소하고,
실행자 스스로 자신이 기대하는 결과물을
성과로 창출해나갈 수 있다."

바로 지금 CEO가 해야 할
핵심과제는 무엇인가

최고경영자는 미래를 준비하는 사람입니다.

최고경영자란 기업에 따라 CEO일 수도,

사업책임을 맡은 임원이나 본부장일 수도 있습니다.

미래를 준비하기 위해서는 비전과 목표와 전략이 필요합니다.

이와 함께 중요한 사항이 한 가지 있습니다.

임원과 팀장들에게 성과코칭과 권한위임 훈련을,

실무자들에게 역할과 책임에 기반해

자기완결적으로 일하는 방법을

교육·훈련하고 성과코칭하는 일입니다.

대개 CEO와 임원들은 미래를 준비하기 위해

중·장기 목표와 전략, 예산 수립 정도만 생각하지,

중간 리더들과 실무자들의 능력과 역량을

훈련시켜야 한다고는 깊이 생각하지 않습니다.

새로운 장비나 소프트웨어, R&D에 투자해야 한다고 생각하지만,

가장 중요한 리더 역할, 실무자 역할에 대한 교육훈련과 성과코칭은

임원, 팀장들이 업무 회의를 거치며 일을 잘 시키면 된다고

안일하게 생각합니다.

애써 준비한 사업계획과 성과목표가 제대로 실행되지 않았다면,

임원과 팀장들의 역할수행이 미흡하고

실무자들의 성과창출 역량이 부족하기 때문입니다.

경영자의 눈높이는 적어도 3년 후를 향해 있어야 하고,

그 3년 후 미래는 최소한 5년 후 미래를 바라보고 있어야 합니다.

CEO와 임원들이 미래를 제대로 준비하려면

생각할 수 있는 절대시간이 필요합니다.

특히 현장과 고객과 경쟁자를 파악하는 충분한 시간이 필요합니다.

실무자나 팀장의 눈으로 확인한 데이터와

CEO와 임원의 눈으로 확인한 데이터는 다릅니다.

현장과 고객의 원츠와 경쟁자를 파악하는 일만큼은
다른 사람에게 맡기지 말고 CEO와 임원이 직접 나서야 합니다.
그러려면 하위조직이나 실무자들이 수행하는 업무만큼은
성과코칭을 통해 권한위임해야 합니다.
그래야 절대시간을 확보할 수 있습니다.

대다수 CEO와 임원들이 현재의 문제 때문에
미래를 제대로 보지도 미리 준비하지도 못하고 있습니다.
하위조직과 실무자들의 일에 너무 깊숙이 개입하고 있어서
미래를 고민할 절대시간이 부족하기 때문입니다.
심지어 자신이 그런 상황에 빠져 있다는 사실 자체도
객관적으로 인정하지 않습니다.
대신에 실행조직의 무능력과 외부환경의
불확실성과 어려움을 공개적으로 토로하고 탓합니다.

조직 내 문제는 CEO와 임원들이 문제인 경우가 많습니다.
그런데 안타깝게도 이 사실을 인정하는 경우는 많지 않습니다.
CEO와 임원들은 미래의 비전을 현실화하기 위해
미래의 과거인 현재의 문제를 해결하는 역할을 하는 사람이고,
하위조직과 실무자들은 현재의 목표를 성과로 창출하기 위한
문제를 해결하는 역할을 하는 사람입니다.

경영자가 경영자 역할을 하고,

실무조직이 실무역할을 하려면,

실무조직이 역할과 책임에 기반하여 자기완결적으로

일할 수 있는 역량을 갖추도록 혁신해야 합니다.

상사 중심의 수직적 지시통제 형태의 조직은

하위조직을 수동적이고 타율적으로 만들어

전략적이고 생산적인 기능을 거의 마비시켜 버립니다.

수직적 계층조직에서는

실무자들이 일을 수동적으로 하기 쉽습니다.

그래서 모든 일에 핑계와 변명이 뒤따릅니다.

경영자들은 한 해를 시작할 때

외부환경의 어려움을 핑계로 대고,

내년을 준비하면서는 올해보다 훨씬 어려운 내년을

어떻게 헤쳐 나갈까 걱정합니다.

반복적인 문제를 해결하는 열쇠는 외부환경이 아니라

내부 상황의 객관적 인식에 있다는 것을 알아야 합니다.

어려울 때일수록 CEO는 CEO의 역할에 맞는 고민을 하고,

임원과 팀장은 그들의 역할과 책임을 고민하고,

실무자들은 실무자들의 역할과 책임을 고민하도록

교육하고 훈련하고 성과코칭을 해야 합니다.

"제대로 된 상황인식으로 문제와 원인을 개선하고,
이를 통해 목표와 전략을 준비하고 실행할 수 있어야
미래의 비전을 희망할 수 있다."

회사의 재무적 성과는
고객이 거래를 지속해 줄 때 가능하다

 회사나 조직을 성장시키고 싶다면

CEO와 조직장의 세상을 보는 안목과 관점부터 키워야 합니다.

최고경영자의 안목과 가치관이 보잘것없고 천박한 상태에서

사업을 성공적으로 발전시키기를 희망할 수는 없습니다.

CEO가 회사의 구성원들에게 최우선으로 보여주어야 할 것은

3년, 1년, 6개월, 3개월 뒤에 희망하는 회사의 모습을 담은

구체적인 지표와 수치입니다.

그런 다음, 함께 추진할 핵심과제와 성과목표를 제시하고,

인과적인 성과창출전략을 함께 고민하고,

역할과 책임을 공유하고 분담해야 합니다.

회사의 중·장기 목표와 전략을 구체적으로 도출하기 위한 기준은

회사의 현재 상태를 진단할 수 있는 대시보드여야 합니다.

현재 상태를 진단할 수 있는 대시보드가 있어야

회사의 중·장기 목표와 전략의 근거를 제시할 수 있습니다.

CEO와 임원이 회사의 미션과 비전,

중·장기 목표와 핵심과제에 관해 어떤 생각을 하느냐에 따라

회사의 성장과 발전이 좌우될 수밖에 없습니다.

CEO나 임원의 목표만큼 하위 팀과 팀원도 성장할 수 있습니다.

CEO가 구성원과 내·외부고객을 어떻게 생각하는가,

일을 바라보는 가치관이 어떠한가에 따라

그 회사의 일하는 문화가 달라질 수밖에 없습니다.

CEO가 미래를 위한 투자를 '비용'으로 보느냐,

당연히 지불해야 할 '투자'로 생각하느냐에 따라

회사의 미래모습은 달라질 수밖에 없습니다.

미래의 희망을 현실로 만들려면,

그 구체적인 모습을 대시보드의 지표와 수치 목표로 정의하고,

인과적인 선행 핵심과제와 성과목표를 설정하고,

책임지고 실행할 구성원들의

동기부여와 역량을 향상해야 합니다.

많은 CEO와 전문가들이 '사람이 답'이라고 말합니다.

그러나 냉정하게 따져보면 그렇게 말하는 사람 중에서

제대로 '사람'의 의미를 알고 말하는 사람이 얼마나 될까요?

'사람이 답'이라는 말에는

실행하는 주체가 결국 사람들이기 때문에,

이들의 능력을 개발하고 역량을 훈련하고

성과코칭을 제대로 해야 한다는 의미가 담겨 있습니다.

그러지 못하면 목표와 전략대로 실행이 이어질 수 없어서

성과를 창출할 수 없기 때문입니다.

사람에 대한 애정은

사람을 바라보는 가치관과 사람에 대한 예의와 태도,

사람의 능력과 역량을 향상시키기 위한

지속적인 교육훈련과 성과코칭에서

진의를 판단할 수 있습니다.

구성원들이 퇴사하는 이유가 연봉이나 근무 여건, 개인사처럼

회사에서 바로 조치해 줄 수 없는 이유 때문인 경우는 드뭅니다.

대부분은 CEO와 상위리더의 차가운 눈빛과 애정 없는 태도,

자신을 투자와 육성의 대상이 아닌

활용과 소모를 위한 대상으로 바라본다고 생각하기 때문입니다.

그로 인한 상실감과 모욕감으로

'아! 여기에서는 더 이상 비전이 없겠다'라고 생각하고

그만두는 경우가 더 많습니다.

'비전이 없겠다'라는 말속에는 회사의 성장 가능성도 담겨 있지만,
그보다는 이 직장에서 성과에 기여하고 열정을 불태웠을 때,
정신적으로나 물질적으로 인정받고 가치를 인정받을 가능성,
성장하고 발전할 가능성을 확신할 수 없다는 의미가
더 많이 담겨 있습니다.

"고객은 외부고객과 내부고객으로 나뉜다.
외부고객의 만족은 내부고객의 만족이 선행되지 않으면
결코 얻을 수 없는 후행지표다."

목표는 일의 도달점이 아니라
출발점에 있다

"나무만 보지 말고 숲을 보라.

부분만 보지 말고 전체를 보라.

현재만 보지 말고 미래를 보라.

과제만 보지 말고 목표를 보라."

많은 CEO와 리더들이 구성원들에게 강조하는 말입니다.

맞는 말이지만, 무엇을 어떻게 하라는 건지 답답할 때가 많습니다.

전체를 보기 위해서는 어떻게 하면 될까요?

미래를 보기 위해서는 어떻게 하면 될까요?

숲을 보기 위해서는 어떻게 해야 할까요?

방법은 전체와 미래와 숲이 어떤 모습인지 구체화하고,

그것을 기준으로 부분과 현재와 나무를 바라보는 것입니다.

미래가 어떻게 될지 답답하고 지금 무엇을 해야 할지 잘 모를 때,

미래에 기대하는 결과물인 비전과 목표가 그 실마리를 찾아줍니다.

성과창출을 위해 인과적인 선행과제를 해결하기 위해서는

목표를 설계도면처럼 구체화해야 답을 찾을 수 있습니다.

해야 할 일의 목표가 명확하면 쓸데없는 일을 하지 않게 됩니다.

목표는 기대하는 상태이기 때문에,

현재 상태를 제대로 모르면 구체적인 목표를 그릴 수 없습니다.

목표는 과제수행을 통해 수요자가 기대하는 결과물을

눈에 보이도록 객관적으로 표현한 상태를 말합니다.

목표의 대상은 과제 그 자체가 아니라

과제를 수행하고 난 뒤의 기대하는 결과물입니다.

업무를 수치화하는 게 아니라

결과물을 객관화해야 목표가 됩니다.

결과물의 기준은 실행자가 아니라 수요자가 원하는 기준입니다.

실행자는 일을 시작하기 전에 반드시 일을 시킨 사람,

즉 결과물의 수요자와 목표에 대한 기준을 합의해야 합니다.

그래야 일이 끝나고 나서 질책받지 않습니다.

목표는 고객의 요구기준입니다.

고객이 요구하는 사항이 목표에 구체적으로 표현되어 있습니다.

하고자 하는 일과 완료 일정은 있는데 구체적인 목표가 없다면

고객 중심으로 일하지 않고 있다는 증거입니다.

목표는 이정표일 뿐만 아니라 훨씬 더 중요한 역할을 합니다.

바로 성과창출전략과 실행방법의

의사결정 기준이라는 역할입니다.

골(goal)은 지향적 목표입니다.

오브젝티브(objective)는 상태적 목표입니다.

대부분의 목표는 지향적 목표입니다.

그러나 지향적 목표는 방향성을 제시할 뿐,

성과창출을 위한 의사결정 과정에서 제대로 역할을 하지 못합니다.

제대로 된 목표는 상태적 목표입니다.

상태적 목표는 현장과 고객이 좌우합니다.

원하는 미래는
'일정'과 '목표'와 '전략'이 결정한다

인생을 살아가면서 늘 명심해야 할 것이 있습니다.
무슨 일을 하건 '일정'과 '수치목표'와 '전략'을 정해야 합니다.

자연인으로 살든, 기업을 경영하든, 자영업을 하든,
누구나 이 세 가지를 명심하고 실천해야
자신이 원하는 미래를 이루어낼 수 있습니다.

매일 외부환경과 구조적인 문제에 핑계 대고 변명하면서
낙담과 한숨과 걱정만 해서는 달라질 것이 없습니다.
자신이 원하는 미래를 창조하기 위해 할 수 있는 일을 실행하고
할 수 없는 일은 수직적 협업과 수평적 협업을 통해

어떻게든 최대한 해결해 내야 합니다.

내부에서 해결이 안 되면 외부와 협업해서 해결해 내야 합니다.

이런 노력을 우리는 간절함, 절실함, 집요함이라고 합니다.

당신은 당신의 미래에 대해 얼마나 간절하고 절실합니까?

당신은 당신이 책임지고 있는 조직의 미래에 대해

얼마나 간절하고 절실하고 집요하게 실천하고 있습니까?

미래의 일정과 수치목표와 조감도는

미래의 과거인 현재에 무엇을 해야 하는지

생각하게 하고 행동하게 하는 출발점입니다.

전략은 미래에 기대하는 성과를 창출하기 위해

지금 한정된 자원을 어디에 먼저 쏟아부어야 하는지

의사결정할 수 있게 해줍니다.

불확실한 외부 환경에 휘둘리지 않고,

현재의 어수선한 상황에 핑계 대지 않으면서

자신이 원하는 미래를 만들고 싶다면,

자신이 원하는 미래의 모습을 건물의 조감도처럼 그리고

일정을 결정해서 인과적인 성과창출 전략을 선택해야 합니다.

미래는 일정을 결정하지 않으면 절대로 다가오지 않습니다.

그러나 많은 사람이 앞으로 어떻게 될지 모르겠다며

미래의 일정을 결정하지 못합니다.

당연히 미래에 기대하는 모습도 결정하지 못합니다.

굳은 의지와 신념과 각오와 맹세만으로는

결코 자신이 원하는 미래를 원하는 일정에

현실화할 수 없습니다.

자신이 원하는 미래란,

누구에게나 적용되는 일반적 수동적 미래가 아니라

자신이 선택한 목표와 전략으로 창출해내는 능동적 미래입니다.

"자신이 선택한 목표와 전략으로
지금 해야 할 미션을 인과적으로 실행하는 사람만이
긍정적인 미래를 기대할 수 있다."

미래는 과거와 현재가
차곡차곡 쌓인 결과물이다

새해가 되면 많은 사람이 소원이나 목표를 글로 써서

굳은 의지를 표현하거나 마음으로 다짐합니다.

그러나 작심삼일이라는 말처럼,

처음에는 제법 비장하다가 곧 시들해지고 맙니다.

언제 그랬냐는 듯 다시 예전으로 돌아가고 맙니다.

기업도 마찬가지입니다.

해마다 9월~10월부터 내년 사업계획을 수립하기 시작합니다.

본부별로 팀별로 발표하고 피드백도 받고 다짐도 합니다.

그러나 1, 2월이 지나면 언제 그랬냐는 듯 예전으로 돌아갑니다.

아인슈타인이 이런 말을 했습니다.

"어제와 같은 오늘을 보내면서 다른 내일을 기대하는 것은
정신병 초기증세와 같다."
새해의 염원이 연말에 구체적인 결과물로 이어지게 하려면
예전과는 다르게 두 가지 단계를 반드시 실행해야 합니다.

첫째, 염원이 이루어졌을 때의 모습을
건물의 조감도나 설계도면처럼 구체적으로 그려봐야 합니다.
기대하는 결과물이 성과로 창출된 모습이 구체적이지 않으면
사전에 인과적으로 실행계획을 결정하지 못하기 때문에
실행력이 떨어질 수밖에 없습니다.

둘째, 연말에 기대하는 결과물을 분기, 월간, 주간, 일일 단위로
전체 최종목표를 잘게 기간별 과정 목표로 캐스케이딩하여
성실하게 단위 기간별 과정성과를 축적해 나가야 합니다.

무슨 일이든 마음먹고 다짐만 해서는
사상누각(沙上樓閣)일 뿐이라는 것을 다들 알고 있습니다.
1년이나 남았으니 어떻게든 되겠지 하는 막연한 기대감을 버리고,
냉정하게 분기, 월간, 주간, 일일 단위로 과정 목표를 설정하고
하루하루 과정성과를 창출해서 축적해 나갈 때,
비로소 자신이 원하는 올해의 성과가 현실이 될 수 있습니다.

월간, 주간, 일일 단위의 과정성과 창출에 대한
실행력을 담보하는 것이 중요합니다.
미래는 인과적인 과거인 현재의 일일, 주간, 월간 성과가
하나하나 축적되어 현실로 구현된다는 것을
항상 명심하고 실천해야 합니다.

"99%의 사람들은 열심히 노력하다 보면
좋은 결과가 따라온다고 생각한다.
1%의 사람들은 기대하는 결과물을 성과로 창출해내기 위해
지금 해야 할 일을 인과적으로 묵묵히 실행해 나간다.
당연히 1%의 사람들이 기대하는 미래를 품에 안을 수밖에 없다."

상위 10%의 기업은
일하는 방식이 다르다

90%의 기업들은 미션이나 비전이 무슨 소용이냐면서

현재와 현실에 충실한 경영이 최고라며 하루하루 연명해갑니다.

10%의 기업들은 미션과 비전과 미래 중·장기 목표를 구체화하고

이번 달, 이번 주에 무엇을 어떻게 경영해서

어떤 과정 결과물을 성과로 창출해내야 하는지

진지하게 생각하면서 경영합니다.

90%의 기업들은 계획(plan)에만 집중하고,

10%의 기업들은 기획(planning)하고 계획합니다.

90%의 기업들은 일하고 나서 그냥 다음을 맞이하고,

10%의 기업들은 일하고 나서 반드시 성과평가하고 피드백합니다.

90%의 기업들은 과제와 지향적 목표를 기준으로 일하고,

10%의 기업들은 건물의 설계 도면에 해당하는

미래의 상태적 목표를 기준으로 일합니다.

90%의 직책자는 상사 역할에 머물러 있고,

10%의 직책자는 리더 역할을 제대로 수행합니다.

90%의 상사들은 코칭한다고 하면서 티칭하고,

10%의 리더들은 성과코칭하면서 기준을 검증합니다.

90%의 기업들은 핵심성과지표(KPI)와 수치 중심으로

사후 실적관리를 하고,

10%의 기업들은 성과목표와 인과적 전략 중심의

사전 성과관리를 합니다.

당신 회사의 구성원들이 아침에 출근해서

오늘 무엇을 할 것인지 계획하고 하루를 시작한다면,

90%의 기업 중 상위 10%에 속하는 기업임에 틀림이 없습니다.

10%의 상위기업들의 구성원들은 아침에 출근해서

오늘 가장 먼저 해야 할 과제를

이번 달, 이번 주 목표와 연계해서 인과적으로 도출하고,

오늘 중으로 기대하는 결과물을 구체화하고

마감 시간과 예상 소요 시간을 설정하고,

기대하는 결과물을 성과로 창출해내기 위한

변동변수목표가 무엇인지 예상해보고

대응 방안을 수립하면서 하루를 시작합니다.

당연히 그밖에 오늘 반드시 처리해야 할 일들을

체크리스트로 만들어 빠짐없이 체크하면서 일합니다.

10%의 기업들은 성과가 창출될 수밖에 없게 일하고,

90%의 기업들은 일을 일정대로 하던 대로 할 뿐입니다.

10%의 기업들이 세상과 조직과 사람들을 혁신합니다.

10%의 기업들은 미래에 도전하고 부가가치 창출을 고민합니다.

90%의 기업들은 현재에 만족하고

이익을 따지며 현실에 안주합니다.

당신 기업은 90%에 속합니까? 10%에 속합니까?

"90%의 기업과 10%의 기업은 경영하는 기준이 다르다.
당신의 기업이 90%에 속하든 10%에 속하든
그것은 전적으로 당신의 선택에 달려 있다."

리더십은
구성원 누구에게나 필요하다

위기가 닥쳤을 때 대응하는 모습을 보면

리더십이 있는 사람과 그렇지 않은 사람을 구분할 수 있습니다.

리더십은 CEO나 임원, 본부장, 팀장과 같이

직책자들에게만 필요한 것이 아닙니다.

누구에게나 리더십이 필요합니다.

많은 사람들이 위기가 닥쳐서야 대응하지만

리더십이 있는 사람은 위기가 닥치기 전에 대응합니다.

대개는 우왕좌왕하고 우물쭈물하지만

리더십이 있는 사람은 체계적이고 해법을 제시합니다.

많은 사람들이 지금 할 수 없는 일을 걱정하지만

리더십이 있는 사람은 지금 할 수 있는 일을 실행합니다.

대개는 질책받을까 봐 남의 눈치를 보지만

리더십이 있는 사람은 책임을 다하지 못할까 봐 고민합니다.

대개는 일이 터진 후에 핑계대고 변명하지만

리더십이 있는 사람은 미리 사전에 준비하고 대응합니다.

많은 사람들이 경험과 선례와 사례를 중시하지만

리더십이 있는 사람은 현장과 현상과 사실을 중시합니다.

대개는 형식과 직위와 연차를 중시하지만

리더십이 있는 사람은 역할과 책임과 역량을 중시합니다.

많은 사람들이 힘든 상황을 모면하는 데 집중하지만

리더십이 있는 사람은 힘든 상황에서 교훈을 찾습니다.

대개는 반복적 실수를 되풀이하지만

리더십이 있는 사람은 실수의 원인을 분석하고

같은 실패를 반복하지 않도록 개선하고 혁신합니다.

"외부환경요인은 통제가 불가능하다.
그러나 리더십이 있는 사람은 외부환경요인에
선제적으로 대응하고 플랜 B를 준비한다.
대비했던 일이 닥치는 경우는 많지 않지만,
대비하지 못했던 일이 닥치는 일은 많다."

제품 불량률도 중요하지만,
업무 불량률이 더 중요하다

기업을 경영하는 목적은

매출이나 이익과 같은 재무적인 성과를 창출하는 것입니다.

재무적인 성과를 창출하기 위해서는

고객으로부터 제품이나 서비스에 대해

지속적이고 반복적으로 구매를 선택받아야 합니다.

고객의 구매 선택을 끌어내기 위해서는

제품이나 서비스가 고객의 원츠에 부합해야 하고

경쟁제품에 비해 차별적 경쟁우위가 있어야 합니다.

일하는 방식은 생산성이 있어야 합니다.

생산성의 핵심은 고객이 원하는 품질을 유지하되

투입되는 원가를 최소화하는 것입니다.

투입 원가를 최소화하려면 성과 중심으로 일해야 합니다.

일을 하면 당연히 성과를 창출해야 합니다.

그러려면 성과창출을 위해 인과적으로 일하는 프로세스가

설계되고 실행되어야 합니다.

생산성 있는 성과창출의 핵심 개념이 바로 '업무불량률'입니다.

일하는 방식이 경쟁력을 가지려면

업무불량률 개념을 정립하고

경영의 핵심지표로 인식해야 합니다.

업무불량률을 최소화하려는 노력이

일상적으로 이루어져야 합니다.

일을 하면 결코 실패해서는 안 됩니다.

'실패는 성공의 어머니'라느니,

'실패를 허용하는 문화를 만들어야 구성원들이 성장한다'는 등

실패에 너그러운 태도를 강조한 책이나 어록들이 많습니다.

그러나 그런 말은 일을 제대로 했음에도 실패했을 때 하는 말이지,

무조건 실패를 용인하라는 말이 아닙니다.

성과창출을 위해 인과적인 프로세스를 준수했는데도

성과가 창출되지 않았다면 어쩔 수 없습니다.

그러나 올바른 프로세스를 준수하지 않아서 실패했는데도

실패를 격려하고 용인하는 문화를 만들어서는 결코 안 됩니다.

시간과 자원은 한정되어 있습니다.

그것이 일을 절대로 실패해서는 안 되는 이유입니다.

실패하지 않을 업무 프로세스를 작동시켜야

기대하는 성과를 지속적으로 창출할 수 있습니다.

불량(不良), 영어로는 폴트(fault)입니다.

사전적 의미를 찾아보면

'마음가짐이나 행실이 나쁨, 성적이 나쁨,

물건 따위의 품질이나 상태가 나쁨'을 뜻합니다.

불량에 가장 민감하고 신경을 곤두세우는 업종은 제조업입니다.

제조업은 저원가, 고품질의 제품을 납기 내에 생산해야

차별화된 경쟁력을 가질 수 있습니다.

그래서 제조기업들은 제품의 불량을 없애기 위해

생산 프로세스를 엄격히 관리합니다.

불량으로 인해 제품 원가와 노무비가 상승하고

수익성이 하락하는 문제를 예방하기 위해

모든 과정에서 손실을 줄이고

이익을 극대화하려고 애씁니다.

불량이 있으면 손해가 발생한다는 것은 누구나 알고 있습니다.

그런데 제품에만 불량이 있는 것이 아닙니다.

매일 수행하는 업무에도 불량이 많습니다.

재작업, 일정 지연, 목표 대비 성과미달 같은 업무 불량이

조직 여기저기에서 수시로 발생하고 있습니다.

그런데도 많은 조직과 구성원들이

업무효율에 별로 민감하게 반응하지 않습니다.

이것은 정말 심각한 문제입니다.

알게 모르게 무시하고 있는 업무 불량은

조직의 생산성과 이익에 생각보다 심각한 영향을 미칩니다.

제품 불량은 눈에 보이지만,

업무 불량은 기준이 모호해서 잘 드러나지 않습니다.

제품은 최종결과물이지만

업무수행의 결과물은 과정의 결과물이기 때문에

불량에 대한 심각성을 잘 모릅니다.

가장 흔하게 나타나는 업무 불량의 형태는

정해진 기간 내에 목표한 성과를 제대로 창출하지 못한 것입니다.

업무 품질이 좋다는 것은

기대한 결과물의 기준대로 충족된 업무수행 결과물을 말합니다.

기대한 결과물을 충족시키지 못한 결과물은 불량품입니다.

한정된 시간과 자원으로
기대하는 결과물을 이뤄내기 위해서,
우리는 나름의 전략과 계획을 수립합니다.
그런데 만약 전략과 액션플랜 자체가 잘못 수립되었거나,
액션플랜을 제대로 수립했더라도
이를 실행으로 옮기지 못하면,
막대한 비용손실로 돌아올 수 있습니다.
전략과 계획을 제대로 수립하지 못해서
기대했던 성과가 창출되지 않았다면
전략, 액션플랜, 프로세스가 불량입니다.
이것도 업무 불량의 한 형태입니다.

업무수행의 납기를 준수하지 못하면
내부고객인 상위리더의 요구사항을 만족시키지 못하고,
이해관계자나 고객사의 업무 일정에도 차질을 초래합니다.
납기 준수는 내·외부고객과의 약속이며,
약속을 지키지 못하면 신뢰 관계가 유지되지 못합니다.

정해진 기한 내에

원하는 업무수행 결과물이 산출되지 않았다면

그 또한 엄연한 업무 불량의 한 형태입니다.

제품을 생산할 때 품질, 원가, 납기가 중요하듯이,

업무를 수행할 때도 업무 품질과 투입 원가, 납기 준수가

엄격하게 관리되어야 합니다.

그래야 진정한 원가절감과 경쟁우위를 확보할 수 있습니다.

눈에 보이는 원가절감 요소가 10%라면,

눈에 보이지 않는 요소가 90% 이상이라는 사실을 기억해야 합니다.

생산한 제품이나 서비스에 불량이 발생하면 어떻게 되겠습니까?

불량의 정도가 크든 작든 기업의 신뢰도는 추락할 것이고,

불만족한 고객으로 인해 제품과 서비스의 구매가 줄어들 테고,

결국 매출과 이익에 막대한 영향을 미칠 것입니다.

제품 불량률 제로에 도전하듯이,

업무 불량률 제로라는 목표를 세우고 도전해야 합니다.

업무 불량률을 경영성과지표에 포함시켜서

제대로 관리하는 기업이나 조직은 단 한 군데도 없습니다.

CEO나 임원, 팀장들도 업무 불량률 개념이 제대로 없다 보니

구성원들도 그리 심각하게 생각하지 않습니다.

보고받는 사람이 마음에 안 들어 하면

그때 다시 작업하면 된다는 안일한 생각이 많습니다.

일을 하다 보면 그럴 수도 있다는 것입니다.

구성원들이 이미 정해진 인건비를 매월 급여로 받다 보니

재작업으로 인해 추가로 투입되는 시간을

원가로 인식하지 못하기 때문입니다.

"불량 없는 제품이 최종결과물이라면,
불량 없는 업무는 과정결과물이다.
제품불량률과 업무불량률은
경영성과 창출의 양대 핵심성과지표다."

미션과 비전이 있는 기업,
미션과 비전이 있는 사람

미션(Mission)은

자신이 살아가는 사회나 일하는 직장에

역할 수행을 통해 기여하고자 하는 가치, 즉 사명입니다.

또한 미션은 정해진 기간 내에 해야 할 일,

업무, 과업, 과제를 지칭하기도 하는데,

사명의 의미로 사용할 때는

'존재 목적', '존재 이유'로 해석합니다.

비전(Vision)은

미션을 추구하기 위해 7년, 5년, 3년 등

미래의 어느 시점에 자신이 되고자 하는 차별화된 모습,

주특기나 핵심역량을 갖춘 모습을 말합니다.
또한, 7년, 5년, 3년, 1년, 6개월, 3개월 후와 같이
미래의 어느 시점에 자신이 근무하고 있는 조직에서
미션을 수행해서 이루고자 하는 기대하는 결과물이나,
자신이 미래에 이루고자 기대하는 성과 기준을
구체화해 놓은 것을 비전이라고도 합니다.
이때 비전의 모습은 장기 목표의 개념입니다.

미션과 비전이 구체적으로 존재한다는 것은
자기주도적인 인생을 살고 있다는 증거이며
현재를 헛되이 보내고 있지 않다는 증거입니다.
비전이 있다는 의미는 '미래가 기대된다'
'앞으로 성장 가능성이 있고 희망이 있다'는 말입니다.
현재의 익숙한 생활에 머무르지 않고
미래에 대한 미션과 비전을 설정해
자신을 개발하고 성장시킨다면
비전이 있는 사람이라고 할 수 있습니다.

과거의 화려함을 자랑하지 않고,
현재의 성취에 안주하지 않고,
미래의 비전을 추구하는 사람이

성장하고 발전할 수 있고 미래에 대한 희망이 있습니다.

미래가 있는 사람, 미래가 있는 기업은

현재의 유행에 흔들리지 않습니다.

자신이 원하는 미래를 위해 필요한 선행과제를 찾아내고

묵묵하게 실행하고 과정성과를 축적해 나갑니다.

많은 사람들이 미래의 비전을 말합니다.

하지만 다짐과 각오와 맹세 그 이상도 이하도 아닙니다.

희망하는 비전이 구체적으로 어떤 모습인지

비전이 달성된 상태가 눈에 보이도록 명확하지 않고,

역계산된 선행과제와 목표가 인과적으로 전개되지 않고,

다짐과 결심과 해야 할 일만 드문드문 보입니다.

차라리 연도별 로드맵이라도 있다면 다행인데 말입니다.

미래의 원하는 시점에 원하는 비전을 현실화하기 위해서는

과제나 액티비티(Activity)가 중요한 것이 아니라,

비전이 달성된 상태적 목표를 구체화하고

인과적으로 작용할 수 있는 선행과제와 목표를 설정하고

인과적인 성과창출전략을 수립하여 실행해 나가야 합니다.

성과창출전략을 실행으로 옮기기 위해서는

부족한 능력과 역량을 구체화하고

분기, 월간, 주간 단위로 자기계발 목표를 세워서

달성해 나가야 비로소 비전이 생깁니다.

능력과 역량이 뒷받침되지 않은

비전과 목표와 성과창출전략과 실행계획은

빛 좋은 개살구요, 그림의 떡일 뿐입니다.

"과거의 화려함을 자랑하지 않고,
현재의 성취에 안주하지 않으며,
미래의 비전을 추구하는 사람이
성장하고 발전할 수 있고 미래의 희망이 있다."

2부

행불유경

行不由經

리더답게 행동하고
성과코칭하라

팀장은 팀장의 리더십,
팀원은 팀원의 리더십이 필요하다

리더십이란 자신의 역할과 책임을 다해 정해진 기간 내에
수요자가 기대하는 성과를 창출할 수 있는 역량을 말합니다.

성과를 창출하기 위해서는
자기 혼자만의 역량으로는 힘듭니다.
자신과 다른 시선에서 가치판단하고 성과코칭 해줄 수 있는
상위리더와 수직적 협업을 하는 것이
첫 번째 리더십 요소입니다.
또한 자신의 부족한 부분을 협업해 줄 수 있는
동료와의 수평적 협업을 이끌어내는 것이
두 번째 리더십 요소입니다.

팀장에게는 리더십,

팀원에게는 팔로워십이 필요한 것이 아닙니다.

팀장은 팀장 리더십이 필요하고,

팀원도 팀원 리더십이 필요합니다.

리더십과 팔로워십은

상사와 부하라는 계층적 관계가 전제된

한물간 예전의 개념입니다.

팀원은 팀장의 부하가 아닙니다.

당연히 팀장은 팀원의 상사가 아닙니다.

팀장과 팀원은 역할과 책임이 다른 동료일 뿐입니다.

직책이 다른 이유는 역할과 책임의 기준이 다르기 때문입니다.

높은 직위와 직책을 가진 사람에게 많은 보상을 하는 이유는

창출해야 할 성과의 난도가 높고,

해결해야 할 문제의 수준이 높고,

매니지먼트해야 할 대상이 까다롭고 힘들기 때문입니다.

임원, 본부장, 센터장, 지점장, 팀장과 같은 상위리더는

조직의 성과를 창출하기 위해 구성원들의 역할과 책임을

처우와 역량의 수준에 따라 기간별로 할당합니다.

그런 다음 성과창출 프로세스의 기준에 따라

성과코칭, 권한위임, 성과평가, 피드백하는 행위가 필요합니다.

이 행위는 PXR의 단계별 기준에 대한 실무자들의 생각이

정리되어야 제대로 이루어질 수 있습니다.

직책상 조직의 리더에게는

리더 자신의 실무역할과 성과책임,

실무자들의 역할과 책임에 대한 리더십,

CEO나 상위리더 그리고 타 조직과의 협업 리더십도 필요합니다.

실무자에게는 자신의 역할과 책임에 대한 리더십,

상위리더와 동료들의 협업을 이끌어낼 수 있는

협업 리더십이 반드시 필요합니다.

“임원에게는 임원 리더십이 필요하고
팀장에게는 팀장 리더십이 필요하다.
당연히 팀원에게는 팀원 리더십이 필요하다.
임원과 팀장과 팀원은 수직적 상하관계가 아니라
역할과 책임이 다른 수평적 협업관계다.”

상사는 혼자 하고, 리더는 구성원과 함께한다

상사는 결과만 따지고, 리더는 결과에 이르게 된 과정을 따집니다.

상사는 구성원을 부하로 여기고, 리더는 동업자로 인정합니다.

상사는 경험을 내세우고, 리더는 현장을 내세웁니다.

상사는 과제와 일정을 지시하고,

리더는 목표와 전략을 성과코칭합니다.

상사는 방법을 훈수하고, 리더는 방법을 검증합니다.

상사는 자기 눈으로 현장을 보고,

리더는 고객의 눈으로 현장을 봅니다.

상사는 실행부터 하라고 하고,

리더는 기획하고 실행하라고 합니다.

상사는 구성원을 아바타로 만들고,

리더는 구성원을 주체자로 만듭니다.

상사는 환경을 원망하고, 리더는 역량을 리뷰합니다.

상사는 묻어가고, 리더는 협업합니다.

상사는 현재를 보고, 리더는 미래를 봅니다.

상사는 행동부터 하고, 리더는 생각부터 합니다.

상사는 판결하고, 리더는 평가합니다.

상사는 과거가 재현되기를 바라고,

리더는 미래가 준비되기를 바랍니다.

"상사는 해야 할 업무를 지시하지만,
리더는 기대하는 결과물을 합의한다.
상사는 지시하고 통제하지만, 리더는 권한을 위임한다.
상사는 자신이 실무자가 되고 실무자를 실무보조자로 만들지만,
리더는 자신이 실무보조자가 되고 실무자를 성과책임자로 만든다."

자신과 조직과 전체 시장을
연결할 수 있어야 한다

리더십을 발휘할 때, 몇 가지 유념해야 할 것이 있습니다.

첫째, 개인기로 관리하지 말고 프로세스로 매니지먼트해야 합니다.
개인기란 경험과 지식, 어디서 주워들은 이야기 같은 것들입니다.

둘째, 상위리더가 걱정하거나 궁금해하지 않게 해야 합니다.
걱정은 과업의 리스크에 제대로 대비하고 있는지 몰라서 생기고,
궁금증은 무엇을 하고 있는지 정확히 몰라서 생깁니다.

셋째, 구성원들에게 조직이 1년, 6개월, 3개월이 지난 시점에
기대하는 모습을 객관적인 지표와 수치로 제시하고,

현재 상태와의 차이를 도출해서 함께 풀어야 할 과제를 제안하고
공감대를 형성해 능력과 역량에 맞게 배분해줘야 합니다.

넷째, 모든 소통은 역할과 책임과 마감 일정 중심으로 해야 합니다.

다섯째, 주관적인 생각이 아닌 객관적인 생각을 생활화해야 합니다.
의견을 주장하지 말고 사실을 근거 있게 제시해야 합니다.

여섯째, 일상적인 업무라 하더라도 혼자 생각해서 결정하지 말고
주간별, 과제별로 성과기획서를 작성해서
상위리더에게 성과코칭을 받고 실행으로 옮겨야 합니다.
통제나 보고를 위해서가 아니라 전체의 관점, 다른 관점으로
자신이 보지 못한 부분을 보완하기 위해서입니다.

일곱째, 현장, 시장, 고객, 경쟁자, 구성원들의 데이터와 정보를
주기적으로 수집·분석하고 대응전략, 성장전략을 수립해야 합니다.
이를 위해 현장에 직접 가서 고객을 만나고 감을 유지해야 합니다.
실무자들의 보고나 다른 사람의 말을 듣고
과거 경험과 지식으로 판단하는 것은 금물입니다.
직접 현장을 살펴보고 고객을 만나야 합니다.
어느 수준에서, 누구의 관점으로 보느냐가 중요하기 때문입니다.

경쟁자의 동향을 파악하는 것도 게을리해서는 안 됩니다.

특히, 우리 고객과 직접 접촉하고

상대하는 그들의 전략을 파악하고 대응 방안을 수립해야

자신이 원하는 성과를 얻을 수 있습니다.

고객별 인벤토리(Inventory)도 만들어야 합니다.

드러난 요구사항과 숨겨진 욕구를 상세히 업데이트해야 합니다.

구성원들의 능력과 역량을 역할과 책임을 기준으로 진단하고

매월 교육훈련 계획을 개인별 맞춤형으로 수립해서 실행하고

매월 평가하고 피드백해야 합니다.

또, 구성원들이 역할과 책임을 말로 하게 하지 말고,

역할, 책임, 기대하는 결과물까지 글로 쓰도록 훈련해야 합니다.

리더의 생각에 동의하지 않는 구성원들의 의견을 듣고

이유와 근거를 경독청하고 대응 방안도 수립해야 합니다.

"현장을 제대로 모르고,
실행할 사람의 수준을 모르고,
조직의 미래와 현재를 연결할 줄 모르고,
자신의 조직과 시장을 연결하지 못한다면,
자신의 리더십에 대해 심각하게 고민해 봐야 한다."

일은 시키는 것이 아니라
권한위임하는 것이다

일은 지시하거나 시키는 것이 아니라,

역할과 책임을 권한위임하는 것입니다.

일을 한다는 것은 조직의 성과창출을 위해

기간별로 할 일을 실행해서 성과로 기여하는 것입니다.

일을 한다는 것은 시키는 대로 한다거나,

하고 싶은 대로 자기 마음대로 하는 것이 아니라,

역할과 책임의 기준을 상위리더와 합의하고

성과코칭을 받으며 실행하는 것입니다.

일하는 사람의 모습은 크게 3가지 유형으로 분류할 수 있습니다.

첫 번째 유형은 '종속형'입니다.

종속형은 자기 생각은 거의 없고 하나부터 열까지

상위리더에게 일일이 묻고 지침을 받으며 일하는 유형입니다.

두 번째 유형은 '사후 보고형'입니다.

사후 보고형은 일단 자기 나름대로 실행하고 나서

결과를 보고하고 피드백을 받는 유형을 말합니다.

세 번째 유형은 '위임형'입니다.

위임형은 자신의 역할과 책임의 기준에 대해

자기 생각을 더해 상위리더에게 성과코칭받고

실행행위를 위임받아 실행하는 유형을 말합니다.

일하는 실무자의 입장이든, 일하게 하는 상위리더의 입장이든,

일하는 요령과 일을 시키는 요령을 잘 알아야 합니다.

특히 실무자보다 리더 입장에서 일을 제대로 시키고

제대로 해내게 하는 요령이 매우 중요합니다.

실무자가 일을 제대로 하게 하기 위해서는

권한위임과 성과코칭이 핵심입니다.

권한위임을 제대로 하기 위해서는

성과코칭이 필수적인 전제조건입니다.

권한을 제대로 위임하기 위해서는

위임받을 사람의 능력과 역량에 관한 객관적인 진단이 필요합니다.

역할을 위임하는 것을 임파워먼트라고 합니다.

임파워먼트는 미션과 역할을 부여하는 것을 말합니다.

책임을 위임하는 것을 델리게이션이라고 합니다.

델리게이션은 성과목표를 합의하고

인과적인 전략을 성과코칭하여

실행할 사람에게 자율성을 부여하는 것입니다.

대부분은 과제나 목표를 결과가 나올 때까지 간섭하지 않고

실행할 사람에게 믿고 맡기는 것을 권한위임이라고 착각합니다.

그것은 방임이지 위임이 아닙니다.

권한위임을 제대로 하려면,

실행에 필요한 자원을 지원해주고

중간중간 과정 결과물을 성과평가하고

피드백해 주어야 합니다.

“방임은 일을 맡기고 결과를 추궁하는 것이고,
위임은 합의된 성과목표에 따라 성과코칭한 전략의 실행을 맡긴 다음,
성과를 평가하고 피드백하는 것이다.”

실적관리를 끝내고
성과관리 방식으로 일하라

성과관리 방식은

성과를 책임진 사람의 생각을 인정하고 존중하며

현장의 데이터에 기반하여 실행하도록 지원합니다.

실적관리 방식은

결과를 위해 실행하는 사람의 주체성을 무시하고

상사가 생각하는 대로 움직이도록 지시하고 통제합니다.

성과관리 방식으로 일하려면 3가지 요건이 선행되어야 합니다.

첫째, 무슨 일을 하든지 일을 시작하기 전에

상위리더와 하위 실행자 간, 일을 시킨 사람과 실행할 사람 간에

기대하는 결과물, 성과목표에 대한 합의가 있어야 합니다.

2시간짜리 일이든, 한나절짜리 일이든, 3일이 소요되는 일이든,
3주짜리 프로젝트든, 분기 과제든, 연간 과제든 말입니다.

둘째, 성과목표 실행과정에서 인과적 과정관리를 해야 합니다.
연간 성과목표를 분기나 월간 단위의
인과적 과정 성과목표로 캐스케이딩하여 실행하고,
단위 기간별 성과를 평가해야 합니다.
3주가 소요되는 수시 과제의 경우라도,
3주 후에 기대하는 최종결과물을 구체화하고
매주 인과적 과정 결과물을 구체화하여 실행하고
주간 성과평가를 하고 개선하고 만회해야 합니다.
인과적 과정관리에는 전체 성과목표의 캐스케이딩과
과정 성과목표에 대한 성과평가와 피드백이 전제됩니다.

셋째, 사전에 합의한 성과목표의 실행은 권한위임을 해야 합니다.
일을 시작하기 전에 기대하는 결과물의 기준을
리더와 실행자가 사전 합의하는 것이
성과관리 방식에서 가장 중요한 포인트지만,
성과를 창출하기 위한 성과창출전략 수립과 실행 권한의 위임,
즉 델리게이션이 제대로 실천되지 않으면
진정한 의미의 성과관리라고 할 수 없습니다.

당연히 델리게이션의 전제조건은 성과코칭입니다.

성과관리 방식은 일을 시작하기 전에 성과로 창출해내야 할
상태적 목표나 설계도면, 성과목표 조감도의 모습을 그려보고,
성과목표, 설계도면을 성과로 창출하기 위한 인과적인 선행전략을
고정변수목표와 변동변수목표의 형태로 타깃 중심으로 수립하고,
전략 실행에 통제불가능한 요소로 부정적인 영향을 미칠 수 있는
내부역량과 외부환경에 의한 예상 리스크 요인을 도출하고,
리스크 해소방안을 수립하여 선제적으로 대응하는
일련의 인과적 문제해결 방식이라고 할 수 있습니다.

성과관리 방식은 성과를 책임지고 실행하는 사람의
주체적이고 전략적인 사고와 자기완결적 실행을 유도하는
인간 존중의 경영관리기법입니다.
성과관리 방식의 중심에는 사람이 있습니다.
시키는 대로 일하는 수동적인 부하가 아니라
자신의 역할과 책임을 알고,
주체적으로 실행하는 성과책임자가 있으며,
자신의 경험과 지식을 믿고
안하무인으로 행동하는 상사가 아니라
현장의 데이터에 기반해

실행하는 사람의 인격과 생각을 존중하고

실행과정을 성과코칭하고 권한위임하는 리더가 존재합니다.

인간은 인정받고 존중받는다고 느낄 때

자신의 역할과 책임에 대해 주인의식과 책임감을 느낍니다.

그래야 열정적이고 주체적이고 창의적으로 일할 수 있습니다.

인정받고 존중받는다고 느끼게 하려면

성과코칭과 권한위임을 제대로 실천해야 합니다.

성과코칭과 권한위임은

리더와 실무자가 함께 협업해야 가능합니다.

리더와 실무자가 성과코칭과 권한위임의

프로세스와 실행방법을 제대로 모르면,

인정과 존중의 프로세스도 당연히 제대로 작동하지 않습니다.

해야 할 일과 마감 기한을 지시하고

실행은 알아서 하라고 한 뒤에,

좋은 결과를 이른 시간 내에 가져오기를 바라는 것은

결코 권한위임이 아닙니다.

전형적인 방임이나 방치일 뿐입니다.

열정적으로 일하지 않는다고 시시때때로 야단치고 질책하고

결과에 대해 지나치게 압박하고 부정적으로 피드백하면,

실행하는 사람은 모멸감과 모욕감을 느낄 수밖에 없습니다.
그러면 진정성 있게 일하지 않게 된다는 걸 알아야 합니다.

성과관리 방식의 프로세스는 성과목표에 대한 사전합의와
성과창출전략 수립의 자율성을 담보하는 권한위임과
현장데이터에 기반한 성과창출전략과
실행에 필요한 자원의 합리적인 지원에 대한 성과코칭과
진정성 있는 상호수용으로 이루어집니다.

"성과관리 방식은 인간을 주체적 인격체로 바라보고,
실적관리 방식은 인간을 종속적 도구로 취급한다."

캐스케이딩과 예상 리스크의 해결이
성과창출의 핵심이다

올해 설정한 성과목표를 반드시 기대하는 성과로 창출해내려면

분기, 월간, 주간의 과정목표를 캐스케이딩해서 실행해야 합니다.

이를 위해 성과창출전략의 실행에 부정적인 영향을 미치는

예상 리스크 요인의 해소 기간을 도출하여

제거 작업을 미리 해나가야 합니다.

최종 성과목표를 성과로 창출하기 위해서는

초반 30% 기간 안에 전체 성과목표의 70%를 확정해야 합니다.

연간 성과목표는 1/4분기 안에 70% 이상을 확정해야 합니다.

상반기 성과목표는 1~2월 안에 70% 이상을 확정해야 합니다.

그런 다음, 통제불가능한 요소에 대비해 플랜 B를 가동해야 합니다.

성과목표를 성과로 창출하지 못하는 조직이나 사람들은
초반이나 중반에 여유를 부리다가 막판에 몰리는 경우가 많습니다.

성과창출에 실패하는 사람은
과정목표를 월간, 주간, 일일 단위로 캐스케이딩하지 못합니다.
최종목표와 과정목표의 인과적 연계성을 고려해서
전략적으로 실천하지 못하고 눈앞의 급한 일에만 몰두합니다.
대개는 연간 성과목표의 핵심성과지표(KPI)나 수치목표,
큰 방향의 주요 과업만 도출해 놓고,
분기, 월간 단위 달성률과 해야 할 일만 관리합니다.
전형적인 실적관리 방식이요 결과관리 방식인 셈입니다.

핵심성과지표나 수치목표 달성률을 그래프로 그려 놓고
미달성 목표의 만회를 다짐받는 것이 중요한 것이 아닙니다.
분기, 월간, 주간 단위로 기간별 선행 과정목표를 설정하고,
이를 성과로 창출하기 위한 인과적 전략을 수립해 성과코칭하고,
기간별로 과정성과목표와 전략을 PXR 프로세스에 따라 실행하고,
과정성과를 평가하고 개선과제를 찾아내어
만회 대책을 수립하고, 반복해서 실행해야 합니다.
한 마디로 최종 성과목표를 성과로 창출하기 위한 선행 과정목표를
사전에 인과적으로 설정하여 실행하지 않는 것이 문제입니다.

최종 성과목표는 그대로 두고

눈앞에 놓인 과제의 해결에 한정된 자원을 집중하다 보니

정작 중요한 선행과제의 실행에 소홀해지는 것입니다.

이러한 문제를 해결하기 위해서는

임원이나 본부장, 팀장이 단기과제, 당면과제들을

하위 실무조직이나 실무자들에게 권한위임해야 합니다.

그런 다음, 선행과제의 실행, 예상 리스크 요인 제거에

역량을 집중해야 합니다.

개인들도 일일, 주간 또는 월간성과기획서 맨 위에

선행과제란을 마련하고 어떤 최종목표를 위한 선행과제인지

표시하고 실행해야 합니다.

성과창출전략 수립의 출발은

항상 고정변수목표와 변동변수목표를 구분하는 것입니다.

전체 기간 중 초반 30%에 70~90%의 고정변수목표를 확정하고

나머지 기간에는 10~30%의 변동변수목표를 공략하는 일에

한정된 역량과 자원을 집중해야 합니다.

성과를 창출하는 사람들은 선택하고 집중합니다.

선택과 집중의 기준은 성과목표가 결정합니다.

성과목표는 성과라는 완성된 집을 짓기 위한

설계도면이라는 사실을 늘 기억해야 합니다.

성과목표를 반드시 성과로 창출하기 위해서는

고정변수목표의 실행에 실수를 범하지 말고,

변동변수목표를 고정변수목표로 전환하는 데 집중해야 합니다.

목표한 성과를 기어이 창출해내는 조직과 사람들은

통제불가능한 리스크 요인을

통제가능하도록 전환하는 데 힘씁니다.

예상 리스크 요인의 도출은

인과적 전략과 실행방법이 결정합니다.

예상 리스크 요인을 통제가능하게 전환하려면

선행작업에 투입되는 자원과 역량이 관건입니다.

"성과목표와 성과창출전략이 명확하지 않으면
한정된 자원을 제대로 선택하고 배분할 수 없고,
예상되는 리스크 요인을 사전에 예방할 수도 없다."

성과코칭은 성과창출을 가이드하는 인간 존중의 역량이다

직장에서 일하는 목적은 조직에서 기대하는 결과물을
정해진 기한 내에 창출해서 기여하는 것입니다.
회사 차원의 이익을 창출하기 위해 사업부나 본부, 실별로
기여해야 할 기간별 과제와 목표를 부여하고,
본부나 실에서는 팀에게 기간별 과제와 목표를 부여하고,
팀에서는 팀원에게 기간별 과제와 목표를 부여합니다.

일상적인 업무 활동에서도
상위조직에서 하위조직이나 실무자에게
과제와 완료일정, 수치목표를 부여합니다.
과제와 목표를 부여받은 하위조직이나 실무자가

정해진 기간 내에 상위조직이 기대하는 성과를

창출하기를 바란다면,

상위조직의 리더는

일하기 전에 성과목표와 인과적 전략에 대해

성과코칭하는 데 집중해야 합니다.

성과목표와 전략에 대해 코칭할 때는

성과와 목표와 전략에 대한 개념과 당위성을 티칭하고,

실행 방법에 대해 티칭한 다음,

성과코칭 대상자의 생각을 글로 작성하게 해서 경독청해야 합니다.

성과코칭의 출발점은 상대방의 생각입니다.

기준에 대한 상대방의 생각이 없으면 성과코칭을 할 수 없습니다.

성과목표와 인과적 전략에 대한 상대방의 생각이 정리되면

그 기준에 대한 상대방의 생각을 경독청하는 자세가 필요합니다.

생각을 정리해 말하는 과정에서

실행자는 주체적 사고를 하게 되고

이를 통해 목표와 전략이 명확히 정리되는 효과를 얻게 됩니다.

상위리더가 실무자의 생각을 끝까지 경독청하지 않거나,

중간에 말을 끊고 자기 생각을 일방적으로 전달하는 경우를

종종 볼 수 있는데,

곰곰 생각해 보면 매우 좋지 않은 행동입니다.

실행할 사람은 성과코칭을 받는 사람입니다.

실행할 사람이 상위리더의 일방적인 지시와 훈계를 듣고

동기가 저하되고 주눅이 들어 자기 생각을 누른다면,

과연 제대로 일할 수 있을지 생각해 보면 금방 이해가 됩니다.

상위리더가 일방적으로 행동하는 밑바탕에는

상대방에 대한 우월감과 권위의식이 자리 잡고 있습니다.

아무리 자신의 생각이 옳다고 여겨지더라도

실행하는 사람은 성과코칭을 받는 상대방임을 명심해야 합니다.

모욕과 자괴감을 느낀 채로

제대로 일할 사람은 아무도 없습니다.

상대방을 인정하고 존중하는 태도가 부족하고

자기중심적으로 안하무인에 권위 의식에 가득 차 있는 사람은

성과코칭을 할 자격이 없습니다.

성과와 목표와 전략에 대한

개념과 원리를 제대로 깨우치지 못하고

자신의 예전 경험과 고정관념에 기대어 일방적으로 훈계하고

자기 생각을 고집한다면 뭘 몰라도 한참 모르는 사람입니다.

성과와 목표와 전략의 개념과 원리를 제대로 깨우치지 못하고

기준을 묻고 상대방의 생각을 제대로 경독청하지 못한다면

성과코칭을 제대로 할 수 없습니다.

아무나 성과코칭을 할 수 있는 건 아닙니다.
해당 업무에 대한 경험이 많고 직위와 직책이 높다고 해서
성과코칭을 할 수 있다고 생각하는 건 아주 위험합니다.
상대방을 잘못된 방향으로 끌고갈 수 있다는 걸 명심해야 합니다.

리더의 기대와 실무자의 생각이
일의 결과물을 결정한다

실행력은 기대하는 결과물에 대한 인식과

실무자의 생각하는 역량에 달려 있습니다.

아무리 뛰어난 관리자가 지시하고 관리한다고 해도,

실행하는 사람의 주체적 사고역량이 부족하면

기대하는 성과는 원하는 대로 창출되지 않습니다.

실무자들이 지속적인 성과를 창출하게 하려면

객관적으로 생각하는 역량을 제대로 훈련해야 합니다.

실무자는 리더가 요구하는 만큼 일합니다.

과제와 일정을 요구하면

일정 내에 과제를 실행해서 가져옵니다.

과제수행을 통해 기대하는 결과물이 무엇인지

사전에 충분히 합의하고 일하게 하면

리더의 원츠를 만족시키는 결과물을

정해진 기간 내에 가져옵니다.

실행하는 사람은 스스로 생각하는 만큼 일합니다.

과제와 실행계획을 생각하면,

과제와 실행계획대로 일한 다음,

그 결과물을 리더에게 제시합니다.

성과목표와 성과창출전략을 구체화하고

기간별 과정목표를 생각하고 일하면

리더가 기대하는 결과물을 성과로 창출해서 가져옵니다.

리더가 실무자들에게 일을 시키면서 무엇을 언제까지 하라는

업무지시는 제법 나름대로 잘하는 편입니다.

그러나 일을 끝내고 나서 책임져야 할 결과물의 기준에 대해서는

상대적으로 소홀히 하는 편입니다.

대다수 사람들은 해야 할 일과 완료 일정을 제시하고

일이 끝날 때까지 기다려주는 것을 권한위임이라고 생각합니다.

그러나 그것은 엄밀한 의미에서

업무방임이나 방치에 해당합니다.

또 일부 사람들은 실무자가 하는 일이 미덥지 못해서

일을 시작하기 전에 실무지침이나 절차를 말해주고,

그것도 모자라서 시도 때도 없이 실행과정을 점검하고 간섭하고

통제하는 것을 '일을 잘 챙기고 관리하는 것'이라고 생각합니다.

리더가 무엇을 어떻게 요구하느냐에 따라

실무자의 일하는 범위와 수준이 달라집니다.

당연히 조직의 성과와 역량의 수준은

리더가 요구하고 인정하는 수준에 머무를 수밖에 없습니다.

조직이 일하는 방식과 기준은 리더가 요구하는 수준입니다.

성과를 요구하느냐 실적을 요구하느냐에 따라

실무자의 생각하는 방식과 일하는 방식이 달라집니다.

실무자의 실행력의 기준은 해야 할 일의 기대하는 결과물과

그에 대한 상세한 조감도, 인과적 성과창출전략과 실행계획을

얼마나 주체적으로 사고할 수 있느냐에 좌우됩니다.

회의나 검토라는 핑계로

리더가 실무자의 전략이나 방법에 대해

이래라저래라 개입하고 간섭하고 지시하면

실무자들은 영혼 없이 시키는 대로 일하게 됩니다.

"실무자가 제대로 일하게 하려면,
리더가 기대하는 결과물의 기준을
사전에 구체적으로 합의해야 한다.
그런 다음, 기대하는 결과물의 세부 목표와
성과창출전략과 실행계획을
실무자 스스로 생각하고 고민하게 해야 한다."

리더는 부분보다 전체를,
현재보다 미래를 생각해야 한다

리더십은 개인기가 아니라 프로세스입니다.

개인의 주관적인 경험과 지식에 의존하지 말고

현장의 데이터에 기반하여 프로세스에 따라

객관적으로 매니지먼트해야 한다는 의미입니다.

리더는 자신이 하고 싶은 대로 하지 말고

조직에 기여하기 위한 기간별 핵심과제를 수행해야 합니다.

매니지먼트를 하다 보면 좋은 일만 할 수는 없습니다.

칭찬은 고래도 춤추게 한다지만 매사에 칭찬만 할 수는 없습니다.

때에 따라서는 잘못한 일이나 반복적인 실수에 대해

따끔하게 혼내야 할 때도 있고 싫은 소리를 해야 할 때도 있습니다.

혼낼 때는 판사가 판결하듯, 교사가 학생을 훈계하듯,

리더의 관점에서 리더의 말투로 혼내서는 효과가 별로 없습니다.

혼나야 할 사람 스스로 자신을 반성하고 혼낼 수 있도록

셀프반성 프로세스를 밟게 해야 합니다.

출발점은 자기반성입니다.

셀프반성 프로세스란 성과평가와 피드백 프로세스입니다.

무슨 일을 하더라도 기대하는 결과물과 완료 일정과

자원투입 기준이 있습니다.

성과평가와 피드백의 대상은

기대하는 결과물의 기준대로 성과를 창출했는지,

완료 일정을 준수했는지, 인력이나 예산과 시간 투입 기준을

제대로 지켰는지가 되어야 합니다.

또한 조직에서 반드시 지켜야 할 기준을 이를 어겼다면

말하지 못할 개인 사정을 들어주기는 하되,

반복되지 않도록 스스로 인정하고 수용하고 실천하게 해야 합니다.

그런데 이렇게 겉으로 드러나는 것도 있지만

드러나지 않는 비언어적 요소인 표정, 눈빛, 말투, 제스처 등이

눈에 거슬려서 화를 자초하는 경우도 많이 있습니다.

이때 감정적으로 대하지 않는 것이 매우 중요합니다.

변연계와 관련이 있기 때문입니다.

리더가 화풀이하거나 분풀이하듯 자기감정에 취해서

무절제하게 대응해서는 곤란합니다.

혼나는 프로세스의 주체도 혼내는 사람이 아니라

혼나는 사람이 되어야 합니다.

자기 잘못을 인정하고, 이를 개선하기 위한 과제를

스스로 깨닫지 못하면 효과가 별로 없습니다.

당연히 예의를 갖춰서 마음 상하지 않게

변연계가 닫히지 않도록 해야 합니다.

하지만 어떤 형태든 혼나는 일은 마음이 상할 수밖에 없습니다.

드물긴 하지만, 반전할 기회를 주었음에도

더 이상 조직에 가치를 기여하기 어렵다고 판단될 때는

다른 일을 알아보게 하는 것도 최후의 방법 중 하나입니다.

인간적으로는 마음이 아프고 미안한 생각이 들지만

조직의 가치창출과 미래발전을 위해서는

원망을 듣더라도 과감한 결단을 내릴 수밖에 없습니다.

옆에서 지켜보는 사람은

'어떻게 사람이 그럴 수 있나' '피도 눈물도 없다'

'인간적이지 못하다'라고 쉽게 말하겠지만

같이 일하는 것보다 다른 곳에서 본인의 역량을 발휘하는 것이

훨씬 더 적합하다고 판단되면 과감하게 보내주는 것도

본인 인생의 발전과 행복을 위해 필요하다고 생각합니다.

반드시 나랑 같이 일해야, 우리 조직에 함께 있어야만

성장하고 발전할 수 있다는 생각도 편협한 것일 수 있습니다.

실무자들도 자기가 해야 할 일을 해내야 하지만

조직에 미치는 영향력을 생각하면,

리더가 훨씬 더 할 일을 엄격하게 지켜야 합니다.

직책이 주어지면 역할이 주어진 것입니다.

직책에 따른 역할은 공무수행과도 같습니다.

개인의 감정에 따라 행동하는 것이 아니라

직책에서 요구하는 역할행동을 해야 합니다.

때로는 하기 싫고 귀찮고 번거롭겠지만

조직의 규칙이고 지켜야 할 프로세스라면

감정과 상관없이 의무적으로 실행해야 합니다.

그것이 싫다면 조직 내에서 활동하지 말고

자신이 하고 싶은 대로 살면 됩니다.

사람이 어떻게 자기 하고 싶은 대로

다 하고 살 수 있겠습니까?

“리더는 부분보다는 전체를 보고, 나무보다는 숲을 보고,
현재보다는 미래를 보고, 한 사람보다는 조직을 보고,
감정에 휩쓸리기보다는 이성적으로 판단해야 한다.”

목표는 리더의 대리인이다

상사라고 해서 모두가 리더는 아닙니다.

CEO, 임원, 본부장, 팀장이라고 해서 리더라고 칭하지는 않습니다.

대부분은 그냥 상사일 뿐입니다.

성과창출은 '상태적 목표'가 전부라고 해도 과언이 아닙니다.

일을 제대로 해서 상위리더가 기대하는 결과물을

정해진 기간 내에 창출하기 위해 제대로 실천해 본 사람이라면

누구나 공감하는 말입니다.

그런데 문제는 상태적 목표가 무엇인지도 모르고,

제대로 설정할 줄도 모르고, 왜 상태적 목표여야 하는지도

알지 못한다는 점입니다.

목표의 개념과 원리를 잘 알고 제대로 설정할 수 있어야

일을 제대로 할 수 있고, 기대하는 성과를 정해진 기간 내에

지속적으로 창출해낼 수 있습니다.

그런데 많은 사람들이 목표를 너무 가볍게 생각합니다.

사람들은 하고자 하는 일에 대해

과거에 실행해 본 경험이 있거나

축적된 지식이 조금 있으면

그 일을 잘 할 수 있다고 착각합니다.

일이란 실행하는 것 자체가 목적이 아니라

수요자가 기대하는 결과물인 목표를 성과로 창출해내는 것이

목적이라는 것을 잘 알 텐데 말입니다.

목표는 '의사결정자'의 역할을 합니다.

일을 시작해서 끝날 때까지 기간별로 무엇을 어떻게 해야 하는지

의사결정 역할을 하는 것이 목표입니다.

그래서 '목표, 목표'하는 것입니다.

기대하는 결과물의 기준이 상태적으로 목표화되지 않으면

성과를 창출하기 위해 무엇을 어떻게 해야 할지

의사결정 할 수 없습니다.

리더가 의사결정하면 된다고요?

리더의 역할은 의사결정자가 아니라 의사결정과정을

검증하는 역할이라는 점을 명심하고 또 명심해야 합니다.

목표에 대해 조금 안다고 함부로 말하는 것은 금물입니다.
예전부터 목표를 설정하며 살고 있어서
목표에 대해 잘 안다고 지레짐작해서 말하는 것도 삼가야 합니다.
목표와 목표관리에 대해 나름대로 잘 알고 있고
실천하고 있다고 말하지만,
실제로는 그렇지 않은 경우가 많습니다.

OKR, KPI, MBO 같은 도구를 소개하면서
성과관리, 목표관리에 전문가인 것처럼 이야기하는데,
그분들이 과연 얼마나 성과창출의 원리와
목표관리의 본질과 방법론과 프로세스에 대해
제대로 깨닫고 있는지 염려스러울 때가 많습니다.

중장기 목표와 인과적인 전략 수립,
연간 성과목표의 캐스케이딩, 상태적 성과목표 설정,
인과적인 핵심과제 도출,
분기 성과목표의 캐스케이딩, 상태적 성과목표 설정,
인과적인 핵심과제 도출,
월간 성과목표의 캐스케이딩, 상태적 성과목표 설정,

인과적인 핵심과제 도출,

주간 성과목표의 캐스케이딩, 상태적 성과목표 설정,

인과적인 핵심과제 도출,

일일 성과목표의 캐스케이딩, 상태적 성과목표 설정,

인과적 실행을 통한 성과 창출,

그리고 기간별 과정 성과평가와 피드백의 반복….

이런 지난한 훈련을 최소 10년 이상 거쳐야

비로소 말콤 글래드웰이 말하는 '아웃라이어'가 될 수 있습니다.

우리말로 하면 소위 '도가 튼 사람'쯤 되는 것입니다.

지식만 학습했다면 이해하는 데 조금 도움은 될 수 있습니다.

훈련과 실천을 통해 체질화하고, 이치와 원리를 꿰뚫고,

하는 일마다 성과를 창출해 낼 수 있어야

비로소 안다고 말할 수 있고 남을 가르칠 수 있는 수준이 됩니다.

자기 스스로 적용해서 실천해보고 체질화하고

가시적인 성과를 창출해보지도 않은 사람이

어떻게 목표와 성과를 안다고 함부로 말할 수 있습니까?

목표를 성과로 창출해내는 이치와 원리에 대해 겸손해야 합니다.

지식을 학습하는 것은 당연하고,

스스로 실천하며 매일 성실하게 체질화해야 합니다.

일에 대한 경험이 좀 많다고

자기가 목표와 성과에 대해 잘 알고 있는 것처럼 떠드는 리더들,

특히 최고경영자나 임원들을 보면 정말 안쓰럽습니다.

여기저기서 목표에 대한 중요성을 강조하다 보니

대다수 조직과 사람들이 목표의 필요성을 이해하게 되었습니다.

그러나 아직도 목표 따로 일 따로인 경우가 많습니다.

목표를 설정했으면 일하는 기준이 목표가 되어야 하는데

목표를 열심히 일한 결과물로 생각하는 경향이 많습니다.

일은 예전처럼 그대로 하고

목표 달성 여부는 평가의 기준 정도로

생각하는 경우가 대부분입니다.

목표를 함부로 봐서도 목표를 대충 봐서도 안 됩니다.

우선 목표에 대한 개념부터 명료하게 정의할 수 있어야 하고,

지향적 목표와 상태적 목표를

구체적으로 구분할 줄 알아야 합니다.

목표를 설정해 일하겠다는 것은 현재를 혁신하겠다는 의미입니다.

현재 상태를 혁신해야 목표를 성과로 창출해 낼 수 있습니다.

혁신의 대상은 목표(to be)와 현재(as is) 사이의 차이(gap)입니다.

목표가 성과로 창출되기를 희망하는 기대 상태와

기대 상태 대비 현재 상태가 객관적으로 규명되어

구체화되지 않으면

혁신하고 싶어도 할 수가 없습니다.

무슨 일이든, 일을 하기 전에 목표를 설정해야 하는 이유는

정해진 기간 내에 성과를 창출하기 위해 무엇을 어떻게 해야 하는지

의사결정하는 기준이 목표이기 때문입니다.

목표가 실행의 기준이 되기 위해서는

목표가 성과로 창출되기를 희망하는 상태가 세부 내역의 형태,

세부 목표의 형태로 구체적이어야 합니다.

그리고 목표 중심, 성과 중심으로 일하기 위해서는

권한위임이 필수적인 전제조건입니다.

권한위임이 전제되지 않은 성과관리는

차라리 하지 않는 게 훨씬 나은 조치라는 걸 알아야 합니다.

목표고 성과고 다 집어치우고 그냥 실행자들에게

'시키면 시키는 대로 일하라'라고 하고

결과에 대해서는 책임을 묻지 않는 것이 차라리 옳습니다.

실행자들이 일한 결과에 대해 책임을 묻고 질책하고 싶다면,

일하기 전, 그리고 주간, 월간, 분기를 시작하기 전에

핵심과제와 성과목표, 기대하는 결과물의 기준에 대해

구체적으로 사전에 합의하고,

성과목표를 어떻게 성과로 창출할 것인지

전략과 실행방법에 대해 성과코칭한 다음,

실행행위에 대해서는 권한위임을 해야 한다는 사실을

명심하고 실천해나가야 합니다.

"실행하는 사람이 스스로 성과를 창출해내기를 원한다면
직책 수행자들이 상사가 아니라 리더가 되어야 한다."

실행하기 전에 기획하고 계획하는 프로세스가 선행되어야 한다

일의 시작은 실행행위 그 자체가 아니라 기획입니다.

기획은 목표와 전략과 자원을 의사결정하는 과정입니다.

기획하고 나서 계획해야 합니다.

계획은 기획한 것을 실행하기 위해

일정별로 해야 할 일의 순서를 정하는 일입니다.

계획을 하고 나서 비로소 실행으로 옮깁니다.

일의 마무리는 실행행위의 종료가 아니라

성과평가와 피드백입니다.

성과평가는 설정한 목표와 창출한 성과를 비교하는 일입니다.

애초에 목표를 성과로 창출하기 위해 수립한 전략과

실행한 전략을 비교 분석하는 전략평가,

성과창출을 위한 실행 프로세스에 대한 평가도 필요합니다.

혹자들은 말합니다.

깊게 생각하지 말고 실행부터 하라고 말입니다.

그래서 '즉시 실행'이라는 정언적 명령이

인구에 회자되고 있습니다.

실행이 중요하다는 점에는 100% 동의합니다.

하지만 실행하기 전에 기획하고 계획하는 프로세스가

반드시 선행되어야 합니다.

최소한 언제까지 어떤 기대하는 결과물을

성과로 창출해야 하는지는

구체적으로 인식하고 출발해야 합니다.

목표는 어디로 가야 하는지 방향성도 제시하지만,

목표를 성과로 창출하기 위한 실행과정에서

무엇을 어떻게 해야 하는지 의사결정 역할을 하기 때문에,

반드시 기대하는 결과물을 상태적 목표, 목표조감도로

구체적으로 설정하고 일을 시작해야 합니다.

일하기 전에 상태적 목표와 성과창출전략을 수립해야 하고,

일이 끝난 후에 성과평가와 피드백을 해야 한다고 하니,

추가업무가 늘었다며 불평불만 하는 사람들이 있습니다.

그동안에는 실무자가 일정을 계획하고

나름대로 일해서 보고하면

상급자가 수정하고 보완 사항을 피드백하는 방식이었습니다.

그러니 실행하는 사람이 하던 기획, 성과평가, 피드백이

또 다른 부가적인 업무처럼 여겨진다는 사람들이 꽤 있습니다.

참으로 습관이라는 게 무섭고 길이 든다는 게 무섭습니다.

시대와 환경이 달라졌으면

예전의 습관을 개선하고 혁신해서

새로운 환경에 적응해야 하는데,

우리 인간은 그동안의 습관을 옳다고 생각하고

새로운 환경에 맞는 개선된 방법에 저항하고 불편해합니다.

속된 말로 위에서 시키면 시키는 대로 하는

산업사회, 성장시대는 지나갔습니다.

이제는 자기 스스로 생각하고, 자기주도적으로 일하고,

성과를 창출해내는 성숙시대, 디지털 지식사회입니다.

공급자 중심의 시대, 상사 중심의 지시통제 시대는

이미 그 효력을 다했습니다.

이제는 수요자 중심 시대,

실무자 중심의 자율책임경영 시대입니다.

이제 상사는 리더로 혁신되지 않으면 설 자리가 없습니다.

부하도 성과주체자로 거듭나지 않으면 당연히 설 자리가 없습니다.

상사와 부하는 과거 시대의 유물임을 명심해야 합니다.

과거만 주장하지 말고 새로운 환경, 새로운 시대에 걸맞은

일하는 방식이 필요합니다.

"일을 시작하기 전에 상태적 목표와 변동변수목표를 기획하고,
일을 끝내고 나서 성과를 평가하고 개선과제를 피드백해야
지속적으로 성과를 창출해내면서성장하고 발전할 수 있다."

일하기 전에 기획하고 계획하는 것,

일하고 나서 성과평가하고 피드백하는 것은

일상의 필수활동입니다.

그것이 3시간짜리든, 4일짜리 과제든,

5주짜리 프로젝트든 말입니다.

아무리 양보하더라도 팀원이나 실무자라면

과제수행 결과를 주간 단위로 성과평가하고 피드백해야 합니다.

팀장이나 본부장, 임원이라면 월간 단위로 성과평가와 피드백을

구체적으로 프로세스대로 실행해야 합니다.

평가할 수 있다는 건 평가 대상의 가치를

측정할 능력이 있다는 것입니다.

평가 대상은 성과와 역량과 능력입니다.

평가할 수 있다는 건 개선하고 발전할 수 있다는 뜻입니다.

성장하고 발전하지 못하는 조직과 개인은

기간별로 성과와 역량과 능력을 평가하고

피드백하는 활동을 게을리해서 그렇습니다.

리더는 자신이 직접 실무를 수행하기도 하지만

많은 일들을 하위조직이나 구성원들에게 역할을 위임하고

위임한 역할의 성과가 창출될 수 있도록 성과목표를 합의하고

인과적인 성과창출전략을 성과코칭하고

일의 진행과정을 모니터링하고 중간성과와 최종성과를 평가하고

피드백해서 권한위임하는 역할이 매우 중요합니다.

리더가 해야 할 역할을 위임하기 위해서는

위임할 역할이 무엇인지 기간별로 정해주고,

책임져야 할 결과물을 성과목표 형태로 명확히 합의해야 합니다.

일의 진행 과정에는 그냥 끝날 때까지 마냥 맡겨두거나,

반대로 시도 때도 없이 닦달하거나 개입하지 말고

성과창출전략과 실행방법에 대해 성과코칭하고

일정 기간 실행과정을 권한위임 해주어야

위임받은 사람이 자기주도적으로 일할 수 있습니다.

권한위임을 했다고 해서

일이 끝날 때까지 마냥 기다리지는 말고

주간이나 월간 단위로 과정성과평가를 하고 피드백해야 합니다.

최종결과에 대해서도

당연히 성과평가를 하고 피드백해야 합니다.

연간이나 반기 단위로 일의 과정과 결과를 따지는 방식은,

일이 끝난 후 실시하는 결과평가, 실적평가 방식입니다.

결과평가도 평가방식이긴 하지만,

평가의 목적과 본질에 충실한 방식은 아닙니다.

평가의 목적과 본질에 충실한 방식은 성과평가 방식입니다.

성과평가를 제대로 하려면,

일을 시작하기 전에 성과평가 기준을 명확하게 합의하고,

성과목표와 인과적인 성과창출전략에 대해 성과코칭하고,

실행과정에 대해 기간별로 역할과 책임의 기준을 권한위임하고,

기간별 과정성과를 평가하고, 개선과제를 피드백하고,

최종성과에 대한 개선과제와 만회 대책을

객관적인 사실 중심으로 피드백해야 합니다.

성과평가는 리더만 하는 것이 아닙니다.

누구나 자신이 한 일의 성과를
스스로 평가하고 피드백해야 합니다.
실무자들도 일을 시작하기 전에 성과목표를 설정하고
주간, 월간 단위로 과정 결과물에 대해 성과를 평가하고
개선하고 만회해야 할 사항을 도출해서
구체적인 실행계획을 세워서 실천해야 합니다.
일이 끝난 뒤에는 최종결과물에 대해
성과평가와 전략평가를 하고
개선과제와 만회 대책을 수립해서
리더의 성과코칭을 통해 피드백을 받아야 합니다.

성과평가는 일을 시작할 때 성과목표를 합의하면서
이미 90%가 결정된다는 걸 알아야 합니다.
성과평가의 조건은 2가지입니다.
하나는 성과목표의 사전 합의와 성과창출전략 수립,
다른 하나는 실행의 권한위임입니다.

"제대로 평가할 수 없다면 리더의 자격이 없다.
일을 시작하기 전에 성과목표를
실무자와 제대로 합의하지 못하면,
성과를 제대로 평가할 수 없고,
진정한 의미의 리더가 될 수도 없다."

3부
화이부동
和而不同
명확하게 소통하라

제대로 소통해야 제대로 된 성과를
창출할 수 있다

최근 들어 사회와 조직에서 소통에 대한 이슈가 많습니다.

소통을 얼마나 잘해야 하길래, 그리고 얼마나 잘 안 되길래,

시중 서점에는 동서양의 전문가라는 분들의 책이 넘쳐납니다.

소통에 대한 강의도 여기저기 많습니다.

직장에서도 많은 사람들이 CEO나 상위리더들의 소통방식에 대해

이러쿵저러쿵 말들이 많습니다.

직장에서 소통을 위해 실행하는 이벤트를 살펴보면,

팀별, 직위별, 사업장별로 최고경영자와 대화하거나,

면담이나 코칭 프로세스를 강화하거나,

한 달에 한 번씩 '호프데이'를 만들어 대화하는 시간을 갖거나,

다 같이 모여 경영 수치에 대한 설명을 듣고 질의응답을 하는 등
조직과 리더의 특성에 따라 다양한 방법들이 등장합니다.

소통의 문제를 논하면서 세대 간의 차이에 대해서도 말합니다.
사람을 관리할 때 구성원들의 성격유형을 잘 파악해서
각각의 유형별로 잘 관리해야 한다고도 합니다.
하지만 그건 참고사항이지 본질은 아닙니다.
소통의 핵심은 '정보의 공유'와 '기준의 공유'입니다.
정보의 공유도 중요하지만 일을 제대로 하기 위해서는
기준의 사전 공유가 가장 중요합니다.

직장생활의 본질은
공동의 미션과 비전 그리고 조직이 추구하는 성과를 창출하기 위해
조직별, 개인별로 주어진 역할과 책임을 완수하는 것입니다.
직장생활에서 소통의 우선순위는 사람과의 관계가 아니라
직책별, 기능별, 기간별 역할과 책임의 기준입니다.

소통의 시점은 일이 벌어진 후가 아니라
일이 시작되기 전에 선제적으로 하는 것이 중요합니다.
소통이 제대로 되지 않는 근본 원인은
주관적 기준과 공급자 중심적 사고, 상호입장에 대한 이해 부족,

맥락과 상황에 기반한 인식 부족, 인정과 존중의 부족입니다.

실무자나 리더들이 모두 문제를 갖고 있지만

특히 상위 직책을 가진 리더들이 문제가 많은 편입니다.

소통 이전에 인간에 대한 예의와 함께

일하는 사람에 대한 인정과 존중이 더 문제입니다.

리더들 중에 일은 좀 할 줄 아는지 몰라도

인격이 제대로 갖춰지지 않은 사람들이 제법 있습니다.

경험과 지식이 좀 있다고 실무자들에게

함부로 말하고 무시하고 깔보는 태도를 보입니다.

사회 구성원들이 글로벌화되고

커뮤니케이션 채널이 다양해지고

과학기술 수준이 발전하면서

사람들마다 자신이 추구하는 가치와

미래와 현재와 과거를 바라보는 눈이

다양하고 제각각입니다.

그러다 보니 자연스레 소통에 관한 이슈가

제기될 수밖에 없습니다.

소통의 해법은

짧게 말하면 한 줄로도 충분할 것이고,

고려해야 할 것들을 언급하자면 책 한 권으로도 모자랍니다.

일하는 직장으로 한정해서 소통의 문제를 생각해 보면

그리 복잡할 것 같지는 않습니다.

직장에서 소통의 핵심은 '기대하는 결과물'에 대한 기준입니다.

역할을 수행해서 책임져야 할 기대하는 결과물의

구체적인 모습인 성과목표가 소통의 핵심입니다.

단기적인 일이든 장기적인 일이든 상관없이 일할 때 중요한 것은

언제까지 완료할 것인지, 어떤 결과물을 기대하는지

일을 시작하기 전에 실행할 사람과 가치를 판단할 사람이

기대하는 결과물에 대해 소통하는 일입니다.

기대하는 결과물에 대한 소통만큼 중요한 것이 또 있습니다.

바로 권한위임에 관한 소통입니다.

일하기 전에

수요자가 기대하는 결과물의 기준에 대해 소통하고,

실행할 사람이 어떻게 기대하는 결과물을 성과로 창출할지,

특히 변동변수목표와 예상 리스크 요인 공략 방법을 소통하고 나면

성과가 창출될 때까지 믿고 기다려주는 신뢰가 필요합니다.

이 신뢰가 무너지면 성과를 창출하는 과정 자체가

영혼이 없어지고 신바람이 사라집니다.

소통은 성과를 창출하는 것이 목적이고

성과를 창출하기 위해서는 권한위임이 핵심입니다.

기대하는 결과물에 대한 사전 소통이 중요한 이유는,

일을 실행하는 사람에게

일에 대한 오너십을 심어주어

열정적으로 신바람 나게 일하게 하고,

일을 시작해서 완료할 때까지 무엇을 어떻게 해야 하는지

의사결정을 가능하게 해주기 때문입니다.

공급자 중심의 소통, 자기 중심의 소통이 아니라

수요자 중심의 소통, 상대방 중심의 소통이 해답입니다.

“소통이 잘 안되는 건
상대방과의 관계보다 자신의 감정 때문이다.
소통 이전에 인간적 예의를 다하는 것이
제대로 소통하기 위한 최소한의 조건이다.”

소통을 혁신해야 기대하는 결과물을
성과로 창출할 수 있다

소통에 대한 이슈는 세대별 조직별 계층별로 다양합니다.
정치권에서 말하는 소통의 이슈, 개인적인 차원의 소통의 이슈,
직장에서 말하는 소통의 이슈는 다릅니다.

소통이 제대로 되지 않는 현상을 살펴보면
대화 자체가 없는 경우, 진실을 왜곡하고 숨기는 경우,
진영이나 이념 논리에 빠져 어느 일방의 말만 듣는 경우,
상대에게 충분히 설명하지 않거나 동의를 구하지 않는 경우,
아예 사용하는 언어가 달라서 말이 통하지 않는 경우,
말하는 사람의 진의가
듣는 사람에게 제대로 전달되지 않는 경우 등

사례도 다양하고 형태도 다양합니다.

소통이 제대로 되지 않는 근본적이고 본질적인 원인은

인간에 대한 기본적인 이해 부족입니다.

인간은 기본적으로 인정받고 존중받고 싶어 하는 존재입니다.

인간은 원래 자기중심적이고 이기적일 수밖에 없습니다.

그 옛날부터 생존이 인간의 최대 미션이었기 때문입니다.

인간의 뇌의 구조에 대한 이해가 선행되지 않으면

제대로 소통하기 어렵습니다.

특히 중뇌인 변연계의 역할에 대한 이해가

제대로 된 소통을 위해 필수적입니다.

직장에서 가장 중요하게 생각하고 혁신해야 할 소통의 과제는

크게 여섯 가지 정도입니다.

물론 관점에 따라 더 중요하다고 생각하는 것이 많겠지만,

일하는 문화를 혁신하는 측면에서는 아래 여섯 가지가

매우 중요하다고 생각합니다.

첫째, 소통의 기준을 공급자에서 수요자로 혁신해야 합니다.

공급자는 일하는 사람이고 수요자는 일의 결과물에 대해

가치판단을 하는 사람입니다.

실행하는 사람이 아무리 나름대로 열심히 일했다고 해도

결과에 대한 인정과 존중이 미흡하면
제대로 된 소통이 어렵습니다.
그래서 무엇보다 공급자인 실행자가
일하기 전에 자기 생각을 수요자에게 오픈하고
기준에 대해 검증받는 프로세스가 필요합니다.

둘째, 소통의 중심축을 상위리더에서 실무자로 혁신해야 합니다.
하위조직이나 실무자의 일을 관리하는 상위리더는
일을 실행할 실무자에게
기간별 과제별로 역할과 책임을 부여하고
성과창출전략과 실행계획에 대해서는
리더가 먼저 말하지 말고 실무자의 생각을 먼저 '경독청'한 다음,
실무자의 생각을 근거로, 실무자의 생각을 인용하여 질문하는
'성과코칭기법'을 활용해야 합니다.

셋째, 소통의 시점을 사후에서 사전으로 혁신해야 합니다.
일한 결과를 바탕으로 실적을 논하거나
잘잘못을 따지는 것도 중요하지만,
일하기 전에 목표와 전략과 계획이 기준에 부합하는지 검증하고
월간이나 주간 단위로 중간 과정성과평가를 통해 따지는 것이
원하는 성과를 창출하기 위해 더 중요하고 좋은 소통기법입니다.

넷째, 소통의 기준을 주관적 의견에서 객관적 사실로

혁신해야 합니다.

주관적 의견이란 자신의 경험과 지식을 바탕으로 한 주장입니다.

객관적 사실이란 현장의 데이터를 기초로 제시된 사실입니다.

주관적 의견은 과거 시점에 형성된 경험과 지식,

다른 곳에서 일어난 유사 사례를 바탕으로 형성된 것으로,

현장의 데이터와 동떨어진 주장인 경우가 많습니다.

다섯째, 소통의 초점을 과제와 마감 일정 중심에서

책임져야 할 기대하는 결과물 중심으로 혁신해야 합니다.

일을 지시하고 관리하는 리더와 일을 실행하는 실무자 사이에

무엇(What)을 언제(When)까지 왜(Why) 해야 하는지에 대해서는

대체로 소통이 잘 되지만, 책임져야 할 결과물에 관해서는

사전 합의 없이 결정권자의 생각대로 진행하는 경우가 많습니다.

여섯째, 소통의 언어를 대명사에서 명사로,

문자에서 숫자로 혁신해야 합니다.

대상을 구체적으로 명확하게 말하지 않고 대명사를 사용하면

동상이몽할 가능성이 큽니다.

구체적으로 무엇을 말하는지 진의를 파악하기가 어려워서,

소통의 장애물로 작용할 가능성도 큽니다.

명사와 숫자 대신 대명사와 문자로 소통하는 이유는
해당 사안에 대한 본질을 파악하지 못했거나
현장의 데이터와 현물의 사실적 근거가
명확하지 않기 때문입니다.

일을 시작하기 전에
상위리더와 실무자가 반드시 소통해야 할 것은
정해진 기간 내에 기대하는 결과물, 성과창출전략,
예상 리스크 요인에 대한 대응 방안입니다.
일을 실행하는 중에
상위리더와 실무자가 반드시 소통해야 할 것은
전체 목표 대비 기간별 한 일과 과정 결과물,
남은 기간의 할 일과 예상 결과물입니다.
일을 끝낸 뒤에
상위리더와 실무자가 반드시 소통해야 할 것은
성과평가와 개선할 요소에 관한 피드백입니다.

“리더가 해야 할 소통의 첫 번째는
자신이 기대하는 결과물을 실무자와 사전에 합의하는 것이다.
실무자가 해야 할 소통의 첫 번째는
자신의 기획과 계획에 대한 생각을 사전에 구체적으로 적어서
수요자인 상위 리더에게 제안하는 것이다.”

혁신하고 싶다면 용어의 개념부터
명확히 해야 한다

같은 말, 같은 용어도 받아들이는 사람에 따라 의미가 달라집니다.

받아들이는 사람의 경험과 지식, 처한 상황과 환경에 따라

사용하는 언어의 의미가 다르게 전달될 수밖에 없습니다.

PDS가 Plan, Do, See & Feedback의 약자니까,

PXR의 P도 Plan이겠죠?

아닙니다. PXR의 P는 Preview의 약자입니다.

Preview는 기획과 계획으로 구성됩니다.

기획은 목표와 전략과 자원을 의사결정하는 일이고,

계획은 기획한 것을 실행하기 위해 일정별, 기간별로

해야 할 일의 순서를 정하는 일입니다.

그럼 X는 실행의 의미겠네요?

실행의 의미라면 그냥 Do라고 하지 굳이 X라고 한 의미가 있나요?

네, X는 그냥 X가 아니라 causal eXecution의 줄임말입니다.

인과적 실행이라는 의미를 담고 있죠.

최종성과를 창출하기 위해

기간별 실행과제를 인과적으로 실행해서

과정성과를 창출해야 한다는 의미를 담고 있습니다.

R은 Review인데, 단순히 점검하고 피드백한다는 의미보다

성과평가와 피드백이라는 구조화된 프로세스를 의미합니다.

PDS가 산업화시대, 성장시대, 공급자 중심의 시장에서 사용하던

경영관리방법론, 일하는 방법론이라면,

PXR은 디지털 지식사회, 성숙시대, 수요자 중심의 시장에서

경영성과를 창출하기 위한 경영관리방법론입니다.

상위리더와 실무자가

각자의 역할과 책임을 다하기 위해 사용하는

일하는 방법론, 소통하기 위한 방법론이라고 할 수 있습니다.

새로운 개념을 사용할 때는 누구나 같은 의미로 알아듣도록

정의와 방법을 구체화해서 해석적 통일성이 유지되게 해야 합니다.

일상이나 직장생활에서 마주치는 이해의 불일치,

오해의 현상들이 곳곳에서 반복적으로 일어나고 있습니다.

말하거나 글을 쓸 때, 사람들은 상대방의 말이나 글을

자신의 관점과 경험과 지식을 기준으로 서로 다르게 해석합니다.

핵심과제를 도출하고, 성과목표를 설정하고,

인과적 성과창출전략을 수립하는 것이 중요하다고 말하지만,

'핵심과제' '성과목표' '인과적 성과창출전략'에 대해

말하는 사람과 듣는 사람의 생각이 다를 수 있습니다.

말하는 사람은 자신이 사용하는 용어와 뜻과 의미를

다른 사람도 같은 뜻으로 받아들일 것으로 생각하지만

실제로는 그렇지 않습니다.

자기 자신부터 사용하는 용어를 이해하고

개념을 명확하게 정의하여

머릿속 대뇌에 각인시켜 두어야 합니다.

자기 자신도 무슨 말을 하는지 잘 알지 못하는 상태에서

다른 사람이 잘 알아듣도록 전달할 수는 없습니다.

개념을 명확하게 파악하고 있다는 것은

개념의 본질을 깨우치고 있다는 뜻입니다.

개념에 대한 정의(What), 개념의 필요성과 당위성(Why),

개념을 어떻게 일상에 적용하는지에 대한 방법(How to),

즉 2W1H를 명확하게 알고 있다는 뜻입니다.

조직 내에 여러 가지 낭비가 있지만,

가장 큰 것이 관리비용입니다.

불필요한 관리비용의 발생 원인 중 하나가

바로 오해와 불통입니다.

오해와 불통의 주범은 개념 정의입니다.

개념에 대한 정의가 명확하지 않으면 재작업과 짜증,

분노와 무력감이 생겨나 조직과 개인의 생산성을 떨어뜨립니다.

개념에 대한 정의가 명확하지 않으면

은유법, 비유법을 쓰거나 일상의 사례를 들어 설명합니다.

듣고 있으면 그럴듯하지만, 개념을 이해하기에는 애매모호합니다.

당연히 각자 해석이 다르기 때문에

저마다 해석한 기준에 따라 생각하고 행동합니다.

이 대목에서 낭비 비용이 가장 많이 발생합니다.

조직에서 사용하는 언어는 실무언어와 관리언어로 나뉩니다.

실무언어는 실제 대상을 지칭하는 언어라서

알아듣는 데 전혀 불편함이 없습니다.

관리언어는 개념언어이기 때문에, 정의가 명확하지 않으면
무슨 말인지 알 수도, 제대로 전달할 수도 없습니다.
개념에 대한 정의를 명확하게 하지 않으면
당연히 생각과 의사소통이 정확하게 이루어질 수 없습니다.

"말과 글에는 '표현적 공통성'은 있어도 '해석적 통일성'은 없다.
생각과 행동과 일하는 방식을 혁신하기 위해서는
머릿속 개념 정의부터 혁신해야 한다."

경청은 심리적 안정감과
동기부여의 핵심 요소다

실무자가 일을 통해 상위리더가 기대하는 성과를 창출하게 하려면
무엇보다 '일하고 싶은 마음'이 들 수 있도록 동기부여하고,
'성과를 창출할 수 있는 프로세스'를 교육 훈련하고
성과코칭하는 것이 핵심이라고 할 수 있습니다.

아무리 일하는 방법에 관한 교육과 훈련을 많이 한다 해도
스스로 하고 싶은 마음이 들지 않으면 제대로 일이 될 리 없습니다.
일하고 싶은 마음이 들 수 있도록 동기부여하는 핵심요소가
바로 '경청'이고, 경청보다 훨씬 더 효과적인 것이 '경독청'입니다.

인간은 누구나 인정받고 존중받았다는 생각이 들면

힘든 일도 신바람 나게 할 수 있습니다.

일은 상위리더가 아니라 실행자가 하는 것입니다.

일을 실행할 사람을 동기부여하고 어떻게 일할지 잘 들어주고

공감해 주는 것은 그 어떤 동기부여 방법보다 강력합니다.

그런데 그렇게 쉽고 돈도 들지 않는 방법을 두고도

인센티브니 질책이니 하는 수준 낮은 제도와 방법을 사용하는 것이

작금의 직장의 모습입니다.

경청이란 새겨듣는다는 의미입니다.

경청의 대상은 역할과 책임과 인과적인 전략과 방법에 대한

현장의 데이터에 기반한 객관적 사실입니다.

경청이 특히 중요한 시점은 일을 시작하기 전입니다.

일을 진행하는 과정에 대한 상황 설명, 끝난 뒤 결과에 대해

경청하는 이유는 이후에 더 나아지고 개선하기 위해서입니다.

실무자에게 일을 시켜서 기대하는 성과를 창출하게 하려면

일을 하기 전에 기대하는 성과의 기준을 설정하게 해야 합니다.

그런 다음 그 내용을 경청하고, 상호합의하고,

인과적인 성과창출전략을 수립하게 해서

경독청하고 성과코칭하고 델리게이션해야 합니다.

델리게이션하기 전에는 기본적인 근무 여건에 대한 애로사항과

성과창출을 위한 전략의 실행에 필요한 지원요청사항을 경청하고,

해결해 줄 수 있는 것은 해결해 줘야 합니다.

그래야 인정받고 존중받는 생각이 들고 동기부여가 되어

성과를 창출하는 과정에 몰입할 수 있습니다.

기본적인 근무 여건이란

남들보다 월등한 연봉이나 복리후생 수준을 말하는 것이 아니라,

상식적이고 합리적인 처우와

납득할 수 있는 근무 기준을 말합니다.

기본적인 근무 여건에 대한 경청도 중요하지만,

기본적인 근무 태도에 대한 성과코칭도 중요합니다.

자신의 역할과 책임의 기준에 대한 인식,

역할과 책임을 이행하기 위한 능력과 역량 수준에 대한 인식,

부족한 부분을 메우기 위한 자기 계발 계획,

실행에 대한 성과코칭과 실천이 병행되어야 합니다.

경청은 문제의 해결보다 인정과 존중의 의미가 더 중요합니다.

리더가 자신의 요구사항을 모두 해결해 주지 못한다는 것을

실무자들도 잘 알지만, 그래도 자신들의 입장과 생각을 들어주고

공감해줬다는 심리적인 해결에 만족하는 것입니다.

그 과정에서 상대방은 말하면서 자신의 생각을 정리하게 되고,

창의적인 아이디어를 떠올리는 효과도 얻을 수 있습니다.

강의하는 사람들의 경우, 가르치면서 동시에 배운다고 합니다.

들어주는 상대방이 있고, 그들이 제대로 들어주기 때문에

강의하기 전에는 생각지 못했던 것들이 강의하면서 정리되고

새로운 깨달음을 얻는다고 합니다.

경험이 있는 사람들은 모두 알고 있는 내용입니다.

"경청은 항상 공감적이어야 한다.
그래야 실무자들이
인과적이고 혁신적인 전략을 생산할 수 있다."

현장의 상황을 모르고
함부로 말하는 것은 금물이다

'현장'은 기대하는 성과가 창출되는 곳입니다.

보통 현장이라고 하면,

일이 진행되거나 생산활동을 하는 곳처럼

눈으로 확인할 수 있는 1차 현장,

즉 실무자들의 현장을 말합니다.

1차 현장의 상황은

가급적 조직의 리더가 눈으로 직접 봐야 합니다.

1차 현장을 파악할 때,

종종 실무자를 통해 확인하는 경우가 많은데

실무자의 눈은 숲속 나무와 같은 위치이기 때문에

전체 상황을 제대로 균형 있게 바라볼 가능성이 작습니다.

그러나 조직의 리더는 한 걸음 뒤에서 전체를 조망할 수 있습니다.

리더가 직접 현장을 눈으로 봐야 하는 이유입니다.

실무자에게 현장을 보고받고 자기 나름대로 판단하면 안 됩니다.

현장의 객관적인 상황을 직접 제대로 확인하지 않은 상태에서

데이터나 숫자만으로 확신하면 위험한 판단을 내릴 수 있습니다.

실무자의 현장과 팀장의 현장과

임원이나 본부장의 현장과 CEO의 현장은 다릅니다.

실무자의 성과 기준과 상위리더의 성과 기준이 다르기 때문에,

당연히 현장을 보는 눈도 다를 수밖에 없습니다.

현장 상황을 파악하는 방법은 두 가지입니다.

현장으로 가서 직접 눈으로 확인하는 방법과

관련 데이터나 보고서 등을 통해 간접적으로 확인하는 방법입니다.

직접 확인하는 것도 누가 확인하느냐에 따라 시각이 제각각입니다.

데이터를 입력하는 사람, 보고서를 작성하는 사람이 누구냐에 따라

객관적인 사실은 동일해도 주관적인 의견은

모두 다를 수 있습니다.

보고하는 사람의 말만 믿지 말고, 보고서나 데이터만 믿지 말고,

보고하는 사람의 문제의식 수준과 객관성을 검증하고,

원천 데이터의 정확성을 객관적으로 확인해야 합니다.

현장의 객관적인 사실과 데이터를 제대로 파악하지 않고

자신의 경험이나 가치관을 기준으로

몇몇 간접적인 이야기만 듣고서

전부 다 아는 것처럼 함부로 말해서는 안 됩니다.

해당 분야나 비슷한 환경에서

몇십 년의 경험치를 갖고 있다 해도

지금 현장에서 일어나는 현상은 이전과 다를 수 있습니다.

직책이나 직위가 높다고 모두 다 알지는 못합니다.

특정 사항을 강조하거나 일반화하는 오류의 폐해를 잘 생각하면서

현장과 상황을 판단해야 합니다.

“현장 상황을 파악하려면,
‘현장의 객관적인 사실과 데이터’를 확인해야 한다.
주관적인 의견은 사건이나 상황에 관한 ‘추론적 생각’일 뿐이다.”

4부
파부침주
破釜沈舟
목표하고 실행하고 평가하라

목표를 설정하지 않는 이유는 미래와 책임이 두렵기 때문이다

사람들은 왜 일하기 전에

성과목표와 성과창출전략을 제대로 수립하지 않을까?

무슨 일이건 상관없이 일을 시작하기 전에

기대하는 결과물을 목표로 설정해야 하는 이유는

성과창출의 인과적 전략과 실행방법을

목표가 결정하기 때문입니다.

매출이나 이익 같은 연간 목표는 말할 것도 없고

외주 프로세스 개선이나 시장진출 전략보고서 작성 같은 과제도

당연히 일을 시작하기 전에 구체적 기준을 설정해야 합니다.

목표와 전략이 중요하다는 것은 누구나 잘 알고 있습니다.

하지만 일을 시작하기 전에 목표와 전략을 제대로 세우고

일하는 사람은 매우 드뭅니다.

왜 사람들은 목표와 전략의 중요성을 인정하면서도

사전에 제대로 수립하지 않을까요?

목표와 전략의 개념과 수립 방법을 잘 모르기 때문입니다.

사람들은 '이익증대' '매출 10억' '1월 22일까지 완료' 같은

과제나 수치, 완료 일정을 목표로 인식합니다.

안타깝지만 이것이 현실이고 사실입니다.

대부분 상태적 목표와 성과창출전략을 수립해 본 적이 없고,

상태적 목표의 역할이나

인과적 성과창출전략의 유효성에 대해서는

더더욱 경험해 본 적이 없습니다.

한마디로 성과목표와 성과창출전략을 업무나 자신의 삶에

제대로 꾸준하게 적용하고 훈련해 본 경험이 없습니다.

과제나 수치 목표는 지향적 목표(goal)입니다.

지향적 목표는 목적지의 방향 정도의 역할입니다.

목표는 성과를 창출하는 전략을 결정하기 위해 존재하는데

지향적 목표는 전략을 의사결정할 수 없습니다.

인과적 전략과 방법을 의사결정하기 위해서는

상태적 목표(objective)가 설정되어야 합니다.

상태적 목표란 목표가 성과로 창출된 모습이

세부 목표나 세부 구성 요소의 형태로

건물의 조감도처럼 표현된 것을 말합니다.

상태적 목표를 설정하려면 기대하는 목표의 현재 상태,

과제가 실행되는 현장의 현상에 대한 데이터를 알아야 합니다.

목표는 과제나 과업의 형태가 아닙니다.

과제나 과업은 해야 할 일을 말합니다.

목표는 정해진 기간 내에

과제를 수행해서 이루고자 하는 결과물을

수요자의 기준으로 눈에 보이게 표현한 상태를 말합니다.

일을 하기 전에 목표를 설정하지 않는 이유 중 하나는

목표를 설정하면 결과를 책임져야 하기 때문입니다.

최선을 다해 노력하겠지만,

결과는 장담하지 못하겠다는 뜻입니다.

노력은 자신의 책임이지만,

결과는 통제범위 밖이라는 의미입니다.

목표가 불확실한 미래가 되는 순간

목표는 비전이 아니라 예상 결과가 되어버립니다.

비전은 간절함과 절실함이 담긴 강렬하고 도전적인 목표입니다.

예상 결과는 열심히 노력은 하겠지만 미리 사전에 예측하기는 힘든,

도달해봐야만 알 수 있는 결과 수치일 뿐입니다.

목표는 실행자의 기준이 아니라 수요자의 기준입니다.

성과목표는 능동적 목표지만 예상 결과는 수동적 목표입니다.

지향적 목표는 직관적, 결과적 목표입니다.

상태적 목표는 객관적, 의지적 목표입니다.

목표를 제대로 세우지 못하는 이유와

목표를 제대로 세우지 않는 이유는 다릅니다.

목표를 제대로 세우지 못하는 이유는

목표를 세우는 방법을 제대로 알지 못해서입니다.

목표를 제대로 세우지 않는 이유는

성과책임에 대한 두려움이 크고, 미래환경에 대한 불안감이 크고,

목표를 이루겠다는 간절함과 절실함이 부족하고,

고객 중심의 사고가 부족하기 때문입니다.

"목표를 제대로 설정하지 않는 이유는
성과 책임에 대한 두려움이나 미래에 대한 불안감,
목표에 대한 간절함 부족, 고객 중심 사고의 부족 때문이다."

생산성을 높이고 싶다면
일을 구조화해야 한다

생산성이라는 개념에 대해서는 누구나 다 알고 있습니다.
하지만 정확한 개념이 무엇인지, 업무에 어떻게 적용해야 하는지,
리더와 실무자가 어떻게 생산성을 높일 수 있는지에 대해서는
실무적으로 구체적으로 모르는 경우가 많습니다.

생산성의 핵심 지표는 ROI(Return Of Investment)입니다.
투자 대비 수익률, 투하자본 수익률이라고 해석합니다.
투자했을 때 수익률이 얼마나 되느냐는 것입니다.
즉, 인풋(Input)했을 때 얼마의 아웃풋(Output)이 나오느냐,
노력했을 때 결과가 얼마나 산출되느냐를 뜻합니다.
한마디로 생산수율이라고 할 수 있습니다.

기업은 이익과 부가가치를 추구하기 때문에

손해를 보면서 사업을 할 수는 없습니다.

시장에 내다 파는 제품과 서비스에는 원가가 있습니다.

제조원가, 판매원가, 매출이익,

영업이익, 경상이익, 당기순이익 등

다양한 원가와 이익에 관한 개념이 있습니다.

생산성은 결과물의 가치는 높이고 원가는 낮춰야 올라갑니다.

일상적인 업무 활동에서 생산성을 높이려면

최소한의 노력으로 최대한의 성과를 창출해내야 합니다.

결과물의 품질과 일정을 준수하는 것은 기본 전제조건입니다.

얼마나 열심히 노력했느냐가 아니라

얼마나 가치 있는 결과물을 산출했느냐가

생산성을 따지는 핵심 기준이 되어야 합니다.

생산성을 제대로 따지려면

결과물의 가치 기준을 정해놓은 성과목표가

일을 시작하기 전에 명확하고 구체적이어야 합니다.

정해진 기간 내에 성과목표를 성과로 창출해내기 위해

투입한 원가가 얼마나 되는지를 따져 봐야

얼마나 생산성 있게 일했는지를 알 수 있습니다.

생산성에 대한 고민은, 기업은 물론이고 일반인들까지

어느 조직이나 누구에게나 적용되어야 하는 이슈입니다.

생산성을 높이려면, 인과적인 프로세스를 바탕으로

자원 투입을 선택하고 단순화해야 합니다.

단순화하기 위해서는 업의 본질에 충실해야 합니다.

자신이 누구인지, 자신의 존재 목적이 무엇인지,

자신이 무엇을 하는 사람인지,

자신의 역할과 책임이 무엇인지,

자신이 이번 달 이번 주에 수행해야 할 미션이 무엇인지

자신의 역할과 책임에 충실한지 진지하게 고민해야 합니다.

기업이나 조직도 마찬가지입니다.

우리 회사가 존재하는 목적은 무엇인지,

우리 회사가 수행하는 사업의 본질이 무엇인지,

우리 조직은 어떤 미션을 수행하는 존재인지,

우리의 고객은 누구이며 제공하려는 가치는 무엇인지,

우리 회사의 역할과 책임은 무엇인지,

사회와 고객을 위해 우리의 역할과 책임에 충실한지

진지하게 고민해봐야 합니다.

본질에 충실하기 위해서는 비본질적인 것은 제거해야 합니다.

불필요한 활동을 정리해야 합니다.

단순화한다는 것은 본질적이고 소중한 것을 위해

비본질적인 것, 덜 소중한 것을 덜어내는 것입니다.

본질은 성과목표입니다. 단순함의 기준은 성과목표입니다.

성과목표를 성과로 창출해내는 데 도움이 되면 필요한 것이고

성과창출에 도움이 되지 않으면 불필요한 것입니다.

무슨 일을 하든지 성과목표가 명확하지 않으면

생산성을 논할 수 없습니다.

생산성의 기준은 성과목표입니다.

일을 하고 나서 생산성을 따지면 이미 늦습니다.

일을 시작하기 전에 생산성 있게 일하는 기준을 정해야 합니다.

일을 실행할 때도 생산성 있게 해야 합니다.

상위리더가 결재나 회의, 중간 점검 행위를 통해

하위조직이나 실무자들이 생산성 있게 일하도록 개입하고 있지만

여기에도 한계가 있을 수밖에 없습니다.

실행하는 과정에서 상위리더가 따로 지적하지 않더라도

실행하는 사람 스스로 생산성에 대한 개념을 제대로 인식하고

자율적으로 적용하고 창의적으로 실행해야 합니다.

일상적인 업무 활동에서

실행하는 조직과 실무자가 스스로 창의적이고 자율적으로
생산성 있게 일하는 핵심 기준이 성과목표,
인과적인 성과창출전략, 예상 리스크 대응 방안,
연간·분기·월간·주간·일일 성과기획서입니다.
성과기획서 구성의 핵심은
핵심과제(역할), 성과목표(책임: 완료일정, 예상소요시간 전제),
인과적인 성과창출전략(고정변수목표와 변동변수목표 공략 방법)
이상 세 가지입니다.

리더가 엄격하게 관리하고, 인센티브 제도를 마련한다고 해서
생산성 있게 일하는 분위기가 조성되지는 않습니다.
생산성 있게 일할 수밖에 없는 프로세스와 구조를 만들어야
비로소 생산성 있게 일할 수 있습니다.
이것이 바로 CEO와 리더들이 해야 할 가장 중요한 역할입니다.
리더라는 직책은 리더 자신을 포함한 실행조직이
생산성 있게 일할 수 있도록 역할을 다해야 하는 자리입니다.
하위조직과 실무자를 대상으로
기간별 과제별로 임파워먼트를 하고,
역할과 책임을 부여하고, 성과코칭하고, 델리게이션하고,
중간평가와 최종평가를 해서 피드백하는 활동이
생산성 있게 리더의 역할을 수행하는 기준입니다.

리더는 조직과 개인의 생산성을 책임지는 사람입니다.

직접 실무를 하기도 하지만,

자신이 책임지고 있는 조직의 생산성을 높이고

책임지는 것이 근본적인 역할입니다.

일을 하기 전에 성과목표가 구체적이지 않으면

아예 시작하지 말아야 합니다.

2시간 분량이든, 하루 분량의 일이든,

3일이 소요되는 일이든 마찬가지입니다.

성과목표란 수요자가 기대하는 결과물의 기준을

객관적으로 표현해 놓은 상태를 말합니다.

인생도, 중장기 과제도,

연간이나 월간, 주간, 오늘의 과제까지도

기간을 시작하기 전에 그리고 일을 시작하기 전에

일이 완료되었을 때 기대하는 결과물의 기준이

건물의 설계도면처럼 목표화되어 있어야 합니다.

“생산성을 높이려면,
인과적인 프로세스를 바탕으로
자원투입을 선택하고 단순화해야 한다.
단순화하기 위해서는 업의 본질에 충실해야 한다.”

성과창출전략은 미래와 현재의 갭을
해결하기 위한 전략이다

열심히 노력하다 보면 '좋은 결과'가 이루어지는 것이 아닙니다.

기대하는 성과를 창출하기 위해 인과적인 선행 타깃을 찾아내서

그것을 공략하기 위해 의도적으로 노력해야 합니다.

목표는 막연한 노력 끝에 성과로 창출되는 것이 아니라,

인과적이고 의도적인 노력의 결과로 성과로 창출됩니다.

목표의 위치는 도착점이 아니라 출발점입니다.

도착점에는 성과가 있고 출발점에는 목표가 있습니다.

목표와 성과 사이에는 인과적 성과창출전략이 자리하고 있습니다.

목표는 출발점에서 도착점에 이를 때까지 성과를 창출하기 위한

인과적 실행과정을 의사결정하는 역할을 합니다.

사람들이 목표를 설정하고 전략을 수립하는 모습을 분석해 보면,
목표는 지향적 목표를 설정하고
전략은 실행지침 형태의 각오나 다짐이나 슬로건으로 제시합니다.

"올해의 목표 달성 전략은 신규고객을 많이 확보하는 것입니다."
"제 전략은 가격을 할인하는 것입니다."
"요즘과 같은 불황기에는 1+1 전략이 중요합니다."
"무조건 열심히 뛰고 최선을 다하는 것이 전략입니다."

이런 말들은 각오나 다짐, 실행지침이나 방침이라고 하지
성과를 창출하기 위한 전략이라고 하지는 않습니다.
성과창출전략이란, 기대하는 성과를 창출하기 위해
기대하는 모습과 현재 상태의 차이를 만드는 문제인
타깃을 구체화하고 문제를 해결하는 방법을 말합니다.

전략은 원인 행위이고 성과는 후행 결과값입니다.
전략을 수립하기 위해서는 문제를 먼저 규명해야 합니다.
문제는 기대하는 목표 수준과 현재 수준의 차이입니다.
문제를 규명하기 위해서는 기대하는 목표 수준과 현재 수준을
객관적으로 서술할 수 있어야 합니다.
목표를 객관적으로 설정하려면,

목표로 하는 과제의 현재 상태가

데이터 형태로 객관화되어야 합니다.

올해 1/4분기 성과창출전략을 수립하기 위해서는

작년 4/4분기와 하반기 성과창출 과정을 객관적으로 분석하고

성과를 평가하고 개선과제와 만회 대책을 수립해봐야 합니다.

작년 4/4분기와 하반기의 성과창출 과정에 대한

다양한 관점의 분석과정과 성과평가를 통해

성과창출에 긍정적인 영향을 미친 핵심 성공 요인과

부정적인 영향을 미친 핵심 실패 요인을 찾아내야 합니다.

실패 요인을 분석할 때는 표면적인 분석에 그치지 말고,

내부역량의 근본적인 원인을 도출해 내어

올해 1/4분기에 개선과제와 성과목표로 설정해 해결하지 않으면,

올해 2/4분기 성과창출에 부정적인 영향을 미치는

근본적인 원인으로 다시 작용할 수 있습니다.

근본적인 원인은 해당 조직의 일하는 프로세스와 협업 프로세스,

리더들의 성과코칭 역량과

실무자들의 능력과 실행역량에 있습니다.

올해 1/4분기 개선과제에 리더들의 성과코칭 역량 향상기획과

실무자들의 능력과 역량 향상에 관한 내용을 포함하지 않았다면

작년 4/4분기 성과평가와 피드백을 제대로 하지 않은 것입니다.

그리고 개선과제뿐만 아니라 작년 4/4분기 성과창출 부족분에 대해

올해 1/4분기 만회 대책도 구체적으로 수립해야 합니다.

해가 바뀌었다고 어물쩍 넘어가서는 안 됩니다.

지난주, 지난달, 지난 분기에 창출하지 못한 성과가 있다면

이번 주, 이번 달, 이번 분기에 반드시 만회하는 것을

체질화해야 합니다.

작년 4/4분기에 성과로 창출하지 못한 부분은

두루뭉술 넘기지 말고

반드시 올해 1/4분기 과제와 성과목표에 포함시켜서

만회 대책을 수립하고 성과로 창출하는 끈질긴 근성이 필요합니다.

올해 1/4분기 성과창출전략을 수립하기 위해서는,

성과를 창출할 현장 현황을

데이터 중심으로 객관적으로 분석하여

기대하는 성과목표를 상태적 목표, 성과목표조감도로 구체화하고,

고정변수목표와 변동변수목표를 타깃 중심으로 찾아내야 합니다.

현장의 현 상황과 예상 달성 수준을 데이터로 객관화하지 못하면

제대로 된 성과창출전략을 수립할 수 없다는 걸 명심해야 합니다.

성과창출전략에는 플랜 A와 플랜 B가 있습니다.

플랜 A는 성과를 창출하는 데 결정적인 영향을 미치는

인과적인 타깃을 도출하고 공략하는 방법을 말합니다.

플랜 B는 플랜 A를 실행하는 데 부정적인 영향을 미칠 수 있는

통제 불가능한 내·외부 요인에 대응하기 위한 방안을 말합니다.

실행할 때는 플랜 A와 플랜 B를 동시에 출발시켜 실행해야 합니다.

기업에서 수립한 전략들을 분석해 보면

과제와 공급자 중심의 상관관계 지침,

목표와 수요자 중심의 인과관계 전략이 있습니다.

당연히 수요자 중심, 목표 중심의 인과관계 전략이

제대로 된 성과창출전략입니다.

올바른 전략의 전제조건은 상태적 목표, 성과목표조감도입니다.

지향적 목표는 결코 인과적인 전략이 될 수 없습니다.

상태적 목표는 미래에 기대하는 목표가 성과로 창출된 모습을

건물의 조감도처럼 객관적이고 구체적으로 표현한 상태입니다.

목표의 현재 상태를 객관적인 데이터로 분석하지 않으면

결코 제대로 된 상태적 목표를 설정할 수 없습니다.

미래는 하루아침에 찾아오지 않는다

사람은 눈에 보이지 않는 먼 미래의 목표와 계획보다
당장 눈앞에 보이고 확실히 가능하다고 생각되는
단기적 결과물에 집착하는 존재입니다.

먼 미래의 성과를 현재와 연계하여 창출하기 위해서는
고정변수목표를 실수 없이 성과로 창출해내고,
변동변수목표를 고정변수목표로 전환해내고,
예상 리스크 요인을 해결하고,
플랜 B를 플랜 A와 동시에 실행해야 합니다.
고정변수목표에 모두 다 집중하기보다는
본부장, 임원들은 변동변수목표와 예상 리스크 요인 해결에 시간과 역량을 70% 이상 쏟아부어야 합니다.

그러기 위해서는 고정변수목표를 하위 팀이나 팀원에게

델리게이션해야 합니다.

먼 미래의 목표를 성과로 창출하기 위해서는

먼 미래의 목표가 성과로 창출된 상태를 너무 상세하지는 않더라도

대략 큼지막하게 대시보드로 만든 다음,

올해 선행과제와 성과목표를 구체적으로 설정해서

성과로 창출해내야 합니다.

그런 다음, 매년 업데이트하고,

롤링플랜(rolling plan)을 실행해야 합니다.

5년 후 글로벌 No.3 업체

재무 관점

매출액 : 1조 원

해외 매출액 : 7천억 원

국내 매출액 : 3천억 원

고객 관점

국내 충성고객 : 000명

해외 충성고객 : 0000명

재구매율 : 90%

오피니언 리더 유지 인원수 : 100명

기존고객 유지율 : 95%

고객만족도 : 98% …

내부 프로세스 관점

1인당 생산성 : 7억

ESG 점수 : 90점

고객 불만 건수, 반품률,

미납률, 납기 준수율,

혁신제품 비율, 업무 불량률,

원가율, 신제품 판매 비율,

제품불량률 …

학습과 성장 관점

매출 대비 투자 비율 : 20%,

글로벌 리더 확보 수 : 50명

셀프 역량 실무자 비율 : 90%

연간 인당 성과코칭 시간 : 160시간

이런 식으로 대략적인 중·장기 목표달성 시점의

대시보드를 만들고,

3년, 2년, 1년 후와 같이 역계산 시점의

관점별 지표별 수치를 계산하여 대략적으로 설정해 두고,

현재 대시보드와의 갭을 분석하여 선행과제를 만들고

목표를 세워서 실행해 나가야 합니다.

선행과제는 성격에 따라 5년, 3년, 2년 정도 소요되는 것,

1년 이내에 결과물이 나오는 것이 다르기 때문에

선행과제별로 완료 일정과 성과목표와 성과창출전략,

변동변수목표 공략방법, 예상 리스크 대응 방안,

필요인력과 예상 소요 예산을 선정하여 관리해 나가야 합니다.

매년 연간 사업을 기획할 때는,

당해년도의 과제뿐만 아니라 중장기 목표를 성과로 창출하기 위한

인과적 선행과제를 실행해야 합니다.

기간별로 선행과제와 과정 성과목표를 설정해 전략적으로 실행하고

최종목표와의 갭을 확인해

다시 다음 기간의 선행과제와 과정목표를

전략적으로 실행하고 성과를 평가하고 피드백하는

일련의 작업을 반복 실행해야 합니다.

"미래는 하루아침에 다가오지 않는다.
사전준비와 성과평가와 피드백의 선순환사이클이
매년, 매분기, 매월 실행되어야
미래에 원하는 모습이 조금씩 현실로 다가온다.
다짐과 선언과 외침만으로는 아무것도 이룰 수 없다."

협업과 캐스케이딩은
성과창출을 위한 핵심역량이다

일을 하고 난 다음 성과를 평가하고 원인을 분석해보면

성과창출이 미흡했던 근본적인 원인을 알 수 있습니다.

표면적인 원인은 대개 외부환경 요인이 차지할 것입니다.

그런데 근본적인 원인을 살펴보면

대부분 내부역량 요인으로 귀결되는 걸 알 수 있습니다.

내부역량 요인 중에서도 가장 큰 근본적인 원인은

협업 프로세스와 캐스케이딩 프로세스의 작동 미흡에 있습니다.

협업은 수직적인 협업과 수평적인 협업으로 나뉘는데,

수직적인 협업이 거의 90%를 차지합니다.

수직적인 협업은 상하 간에 일어나는 성과코칭, 변동변수목표,

예상 리스크 요인 대응에 대한 역할 분담이 핵심입니다.

캐스케이딩은 연간 성과목표를 연말에 성과로 창출해내기 위해

연간 성과목표를 분기, 월간, 주간, 일일 단위의

기간별 과정목표로

잘게 '미분'하여 실행하는 기법입니다.

일일 단위까지 하기 어렵다면 최소 주간 단위까지라도

모든 구성원이 과제와 목표 형태로 구체화해야 합니다.

협업과 캐스케이딩이 제대로 되지 않는다면,

리더의 역량이 부족하기 때문이라고 할 수 있습니다.

자신이 책임지는 조직의 팀과 팀원까지

조직의 성과목표가 캐스케이딩 되었는지 살펴보고,

이것이 다시 월간, 주간 단위 과제와 목표로

인과적으로 구체화되었는지 확인해 보고,

팀장의 역할이 팀원의 변동변수목표를 담당하고 있는지

'검증'하고 '감리'해야 합니다.

성과창출이 미흡한 보다 근본적인 원인은

팀원들의 능력과 역량에 있습니다.

팀원들은 조직의 고정변수목표를 책임지는 사람입니다.

그런데 반기, 분기, 연간 성과를 평가해 보면

고정변수목표가 변동변수목표나

통제불가능한 리스크로 전환되어

성과미달 사태가 걷잡을 수 없게 되는 경우가

허다하게 발생하는 것을 어렵지 않게 볼 수 있습니다.

CEO나 임원들은 너무 큰 것만 바라보지 말고,

고정변수목표가 정말 고정변수목표인지 검증해 보고,

고정변수목표를 책임질 팀원들의 능력과 역량을 진단해 보고,

최소 월간 단위로 개발하고 훈련해서

성과창출에 변동변수목표로 작용하지 않도록 예방해야 합니다.

연간 성과목표는 최소한 주간 단위까지는 캐스케이딩해야 합니다.

그래야 월간 단위 성과창출을 '적분'해 낼 수 있습니다.

"협업과 캐스케이딩은
성과창출을 지속하기 위한 핵심역량이다.
팀원들의 능력과 역량이
성과창출에 부정적 영향을 미치지 않도록
사전에 예방하고 예상리스크를 제거해야 한다."

성과창출 프로세스가
근거 없는 낙관주의를 예방한다

생각을 생산에 비유할 수 있다면

말과 글은 제품에 비유할 수 있습니다.

올바른 제품 생산을 위해 품질관리가 필요하듯

올바른 생각 생산을 위해서도 품질관리가 반드시 필요합니다.

성과창출 프로세스는 눈에 보이지 않는 생각의 산물을

생산성 있게 제대로 산출할 수 있도록 관리하는

생각 생산관리, 생각 품질관리 프로그램입니다.

"긍정적인 마인드로 뭐든 열심히 노력하다 보면

좋은 결과가 있을 겁니다."

"사람이 일하다 보면 실수할 수도 있고 실패할 수도 있지,

어떻게 모든 일이 다 잘될 수 있나요. 자, 힘내세요!"
"다 잘될 겁니다! 걱정하지 마세요."
"그렇게 열심히 했는데 결과가 좋지 않다면 그게 이상한 겁니다."
"당신은 할 만큼 한 겁니다. 기죽지 말고 파이팅하세요."

우리 사회에는 이상하리만치 근거 없는 낙관주의가 팽배합니다.
막연한 노력과 성실에 대해 지나치게 강조하고,
열심히 노력했으면 결과에 대해
너무 야박하게 굴지 말아야 한다는
우호적인 분위기가 형성되어 있습니다.
한마디로 '진인사대천명' 메커니즘이 강하게 작용하고 있습니다.
그래서 유난히 심리적인 부분이나 정신적인 부분에
관심도 많고 처방전도 많습니다.
파이팅이나 슬로건, 마인드나 정신적인 무장도 중요합니다.
하지만 근거 없는 낙관주의는 사전에 차단해야 합니다.
그러려면 긴장하고 고민하게 하는 프로세스와 메커니즘이
일상생활이나 직장생활에서 작동하게 해야 합니다.

인간은 깊이 생각하고 고민하는 것을 본능적으로 싫어하기 때문에
일할 때는 반드시 지켜야 하는 프로세스와 단계별 실행 기준을
구체적인 양식과 규칙으로 강제화해서 설정해 두어야 합니다.

자신의 경험과 지식과 같은 주관적인 개인기로 일하지 말고
현장과 고객 중심의 객관적인 프로세스로 일해야 합니다.

일을 할 때는 기본적으로 기간별 역할과 책임에 대한
구체적 기준을 설정해야 합니다.
그런 다음, 일을 시작하기 전에 책임의 기준을 목표로 설정하고,
목표를 성과로 창출하기 위한 인과적인 전략과
전략 실패에 대비한 예상 리스크 대응 방안을 세워야 합니다.
일이 끝난 뒤에는
반드시 월간이나 주간 단위 과정 성과평가와
최종 성과평가를 하고 개선과제를 도출하고
만회 대책을 수립해야 합니다.

일을 통해 기대하는 결과물을 성과로 창출해내기 위해서는
기대하는 결과물을 건물의 설계도면처럼 상태적 목표로 설정하고
목표를 성과로 창출하기 위한 인과적인 전략을 수립해야 합니다.
인과적인 성과창출전략을 수립할 때는
목표 수준과 현재수준의 차이를 객관적으로 규명하고
갭을 메우기 위해 공략해야 할 변동변수목표 타깃을 선정하고
공략방법을 타깃별로 고민해야 합니다.

“원하는 품질의 제품을 생산하기 위해
제품 생산 프로세스와 업무 매뉴얼이 필요하듯,
원하는 품질의 목표를 성과로 창출하기 위해서는
성과창출 프로세스와 템플릿이 필요하다.”

인과적 노력과 맹목적 노력의 차이는
성과목표 여부에 있다

한 달이 마감되었습니다.

월초에 월간 성과목표를 설정하고 실행하고 나서

월말에 성과평가를 해보니 성과창출이 미흡했습니다.

표면적인 원인과 근본적인 원인을 분석해보니,

표면적인 원인은 타깃별 성과창출전략이 제대로 먹히지 않았고,

근본적인 원인은 내부역량, 그중에서도 월간 성과목표와

주간 성과목표의 인과적 협업이 미흡했습니다.

월간 성과목표는 연간이나 분기 성과목표와 협업해야 합니다.

상위와 하위 기간의 협업을

인과적 실행, 인과적 노력이라고 합니다.

이번 달 성과목표가 성과로 창출되지 못했다면,

그 이유는 월간 성과목표와 주간 성과목표가 인과적으로

제대로 협업하지 않았기 때문입니다.

더 근본적인 원인을 분석해 보면,

월간 성과목표와 주간 성과목표가

일일 성과목표와 제대로 협업하지 않아서 그렇습니다.

이번 달 성과목표가 성과로 제대로 창출되지 못했다면,

이유 여하를 막론하고 임원과 팀장들이 변동변수목표와

예상 리스크 요인을 제대로 해결하지 못한 데

근본 원인이 있습니다.

그중에서도 내부 요인인 협업역량, 리더의 성과코칭역량,

실무자의 실행역량에서 구체적인 원인을 찾아

개선과제를 도출하고 개선된 성과목표를 설정해

다음 달 성과기획서에 반영해서 해결해야

다음 달 말에 비슷한 현상을 되풀이하지 않을 수 있습니다.

인과적인 선행 미션을 제대로 실행하지 않고서는

기대하는 결과를 얻을 방법이 없습니다.

한두 번 실적이 좋을 수 있겠지만,

재현되고 반복되지는 않습니다.

기대하는 성과를 창출하기 위해서는

요행이나 행운을 바라기보다

인과적 과제를 선행적으로 치밀하게 실천하는 것이 필요합니다.

기대하는 성과를 반복 창출하는 체질화된 습관이 '역량'입니다.

인과적 노력이란 역량이 발휘된 상태를 말합니다.

일을 하기 전에 반드시 프리뷰(Preview)하고,

실행할 때는 전체 목표를 작은 목표로 캐스케이딩하고

일이 끝나고 나면 리뷰해야 합니다.

프리뷰 단계에는 기획이 중요한데,

기획 프로세스 중에서도 성과목표 설정과 성과창출전략 수립이

인과적 노력의 핵심 액티비티(activity)입니다.

맹목적 노력이란,

목적과 목표와 상관없이 그저 열심히 하다 보면

좋은 결과가 있을 거라는 전제 아래 하는 노력을 말합니다.

인과적 노력이란,

목적과 목표를 구체적으로 설정하고

성과목표와 인과적 관계가 있는 선행과제를 찾아서 실행하면

기대하는 성과가 창출될 것이라는 전제로 하는 노력을 말합니다.

자, 이제 또 한 달이 힘차게 시작되었습니다.

영업 일수가 부족하다거나, 연휴가 끼어 있다는 둥
김빠지게 이런저런 핑계를 미리 대지 말고,
이달 말에 기대하는 성과목표를 주간 성과목표로
캐스케이딩해서 제대로 실행해 성과를 창출해야 합니다.
이달 말에 지난달과 비슷한 핑계와 변명을 대서는 안 됩니다.
양심이 있다면 말입니다.

"맹목적 노력은 좋은 결과가 이루어지기를 기원하는 것이다.
인과적 노력은 원하는 성과가 창출되도록 행동하는 것이다.
미래를 현재 활동의 우연적 결과물이 아닌
필연적 결과물로 만들기 위해서는
반드시 인과적 노력을 실행해야 한다."

같은 실수를 반복하는 것만큼
어리석은 일은 없다

조직이든 개인이든

누구나 연간 성과목표를 가지고 있을 것입니다.

연간 성과목표가 연말 성과로 창출되기를 바란다면

월간, 주간, 일일 단위의 과정 성과관리를 실행해야 합니다.

목표를 세우고 열심히 일상 업무를 한다고 해서

기대하는 성과가 창출되지는 않습니다.

기껏해야 전년도 수준에서 약간 플러스나 마이너스일 뿐,

도전적인 목표 달성은 어림없다는 말입니다.

어떻게 보면 월간, 주간, 일일 단위의 기간별 성과창출이

연간 성과창출의 핵심이라고 할 수 있습니다.

그런데 월간, 주간 성과관리를 제대로 하려면
반기, 분기 성과목표와 성과창출전략을 먼저 수립해야 합니다.
연간 성과목표를 반기, 분기 단위로 캐스케이딩하고
분기별 성과를 기획하고 계획해 실행하고
분기 말에는 반드시 성과평가와 피드백을 해야 합니다.

분기별 성과를 제대로 성과평가하고 피드백하지 않으면
다음 분기에 지난 분기와 같은 잘못을 반복할 수 있습니다.
분기 말에는 성과를 평가하고 개선 대책을 마련해야 합니다.
다음 분기 성과목표와 성과창출전략과
다음 분기 첫째 달의 성과목표와 성과창출전략도 수립해야 합니다.
되도록 분기 말 마지막 주에 지난 분기 성과를 평가해야 하는데,
여의찮을 때는 다음 분기 첫 달 첫 주까지는 마무리해야 합니다.
다음 분기 성과를 기획할 때 명심해야 할 것은
본부별, 팀별 연간 성과목표, 지난 분기까지의 누적 성과,
개선과제와 만회 대책을 고려하여 다음 분기 성과목표를 수정하고
추가해야 할 과제와 목표도 설정해야 한다는 점입니다.

연초에 세운 성과목표를 그대로 고집하기보다는
지난 분기까지의 누적 성과를 분석해 보고,
올해 남은 기간의 상황을 성과기획해서

현실적으로 다음 분기 내에 반드시 성과로 창출해야 할
성과목표를 구체적으로 수립해야 합니다.
또한 성과목표를 성과로 창출하는 데 인과적으로 작용할 수 있는
고정변수목표와 변동변수목표별 공략 전략을 수립하고
전략실행에 부정적인 영향을 미칠 수 있는 예상 리스크 요인인
외부환경 요인, 내부역량 요인을 미리 도출해서
구체적으로 다음 분기 성과목표에 반영해야 합니다.
다음 분기 성과기획서에 개선 과제와 만회 대책을 반영할 때는
말로만 다짐할 것이 아니라 실제로 어떻게 부족한 부분을 만회하고
성과 부진의 근본 요인을 개선하고 혁신할 것인지 반영하고
목표화해서 실행해 나가야 합니다.

성과부진의 근본 원인은
첫째, 성과중심으로 일하는 프로세스가 미흡하고
성과목표조감도, 상태적 목표, 인과적 전략 중심으로 일하기보다
일정 중심으로 일하는 실적관리 방식 때문입니다.
그러다 보니 매번 최선의 노력을 다하는 데도,
기대한 만큼 성과가 창출되지 않습니다.
둘째, 본부장, 팀장 같은 리더의 역할 역량도 결정적 요인이 됩니다.
본부장이나 팀장 같은 리더들은 부족한 역량을 스스로 훈련하거나
개별 성과코칭을 받아서 리더십 역량을 향상시켜야 합니다.

자신의 리더십 역량이 조직과 팀과 팀원의 성과 부진에

결정적인 영향을 미치는 일이 없도록 해야 합니다.

셋째, 실무자들의 실무 능력과 역량도 성과부진의 주요 요인입니다.

본부장과 팀장들은 실무자의 능력과 역량을 구체적으로 진단하여

매 분기, 매월 교육훈련과 성과코칭 목표를 정해

실행하고 평가하여

실무자들의 능력과 역량을 눈에 띄게 높여나가야 합니다.

리더십 역량 평가의 핵심은

하위 조직장이나 실무자의 능력과 역량을

지난달, 지난 분기보다 얼마나 더 성장시켰는가가 되어야 합니다.

"분기별 성과, 성과창출전략, 실행과정을 분석해서
성과 부진의 원인을 근거 있게 도출해야 한다.
그러지 않으면 다음 분기 말에 또다시 변명해야 한다.
프로페셔널이라면 이런 어리석은 행동을 반복해서는 안된다."

5부

적토성산

積土成山

주체적이고 인과적으로
실행하라

목표와 전략이 분명하면
걱정과 불안이 사라진다

성장 시대가 지나면서 어두운 경제전망이 이어지고 있습니다.

사람들은 저마다 불황이 현실이 된 것처럼 걱정하고,

자신이 불황의 당사자인 것처럼 분주히 대응 방안을 찾아다닙니다.

우리가 간과하지 말아야 할 것은 평균적인 외부환경과

자신이 하는 일에 직접적으로 영향을 미치는 인과적인 외부환경을

구분해야 한다는 사실입니다.

휴대폰과 인터넷을 실시간으로 접촉하게 되면서 너나 할 것 없이

외부환경의 변화 하나하나에 지나치게 과민해진 것 같습니다.

외부환경의 어느 요소가 자신에게 영향을 미치는지 알아보려면

자신이 하려는 일의 상태적 목표를 설정하고,

이를 세부적으로 고정변수목표와 변동변수목표로 구분한 다음,

각 목표의 공략 방법을 구체화해야 합니다.

그래야 어떤 요소가 영향을 미치는지 구체적으로 알 수 있습니다.

공략 방법이 수립되지 않으면,

어떤 요소가 영향을 미칠 수 있는지

구체적으로 파악하기 어렵습니다.

왜 우리는 평소에 걱정하고 불안해하고 두려워할까요?

걱정과 불안과 두려움의 실체가 과연 무엇일까요?

일상적인 걱정의 96%는 이미 지나간 일이거나,

사소한 것이거나, 전혀 일어나지 않을 일이거나,

걱정해도 어쩔 수 없는 것들입니다.

전문가들은 단지 4%만이 우리가 대응할 수 있는 걱정이라고

이구동성으로 말합니다.

걱정하는 이유는

하고자 하는 일이 잘못되지 않을까 싶어서입니다.

하고자 하는 일이 잘되기를 바라는 마음은 누구에게나 있습니다.

하지만 일의 결과가 잘되도록 하는 방법은 제각각 다릅니다.

정도의 차이는 있겠지만,

사람들은 누구나 걱정과 불안을

확신과 안심으로 바꾸려고 노력합니다.

어떤 사람들은 데이터를 분석해서 확신을 얻으려 하고,

종교가 있는 사람들은 기도를 통해 마음의 안정을 찾으려 하고,

전문가의 의견과 해법을 찾아 불안감을 해소하려고도 합니다.

걱정과 불안은 '기대하는 결과물'에 대한 확신과

'실행하는 방법'에 대한 확신으로 해소할 수 있습니다.

그런데 사람들은 일을 통해 기대하는 결과물을 구체화하지 않고

그저 열심히 노력하거나, 경험이나 지식이 있는 사람의 말을 듣고

그대로 따라 하면 된다고 생각하는 경우가 많습니다.

한마디로 실행의 주체가 '현재의 자신'이 아니라

'과거의 자신'이거나 '타인'인 경우가 대부분입니다.

아무리 좋은 해법이라도 객관적인 신뢰가 뒷받침되고

감정적으로 동의가 되어야 하는데,

그러려면 결국 현장의 데이터를 토대로 자기 머리와 손으로

하나하나 작업하면서 확신을 가지는 수밖에 없습니다.

결국 해법은 '성과목표' '성과창출전략' '주체적 고민'입니다.

성과목표는 고정변수목표와 변동변수목표로 나눌 수 있습니다.

고정변수목표는

과거 경험이나 매뉴얼, 해법이 존재하는 것입니다.

하던 대로 열심히 하면 결과가 나오는 것들이라고 할 수 있습니다.

변동변수목표는

처음 해보는 목표라서 해법을 찾기가 어렵습니다.

고객의 요구사항이 까다롭거나 경쟁자와의 경쟁이 치열해서

통상적인 방법으로는 기대하는 결과를 이루기 어려운 목표입니다.

걱정을 줄이는 방법은 기대하는 결과물을 구체화하여

세부목표로 잘게 나누고 변동변수목표를 구분해

타깃별로 대응 방법을 찾는 것입니다.

"걱정한다고 해결된다면 하루종일 걱정하라.
그렇지 않다면 걱정할 시간에 방법을 찾아라.
걱정과 불안을 잠재우는 가장 확실한 방법은
'성과목표'와 '성과창출전략'을 실행자가
주체적, 인과적, 객관적으로 설정하는 것이다."

일 잘하는 사람은
자기완결적으로 일하는 사람이다

근무평정을 하던 시절에는 성실성이 업무능력의 기준이었습니다.

인사고과를 하던 시절에는 학력, 자격증이

업무능력의 기준이었습니다.

이제는 성과창출 역량이 일 잘하는 사람의 기준이 되어야 합니다.

근무 태도가 좋더라도

정해진 기간 내에 성과를 창출해내지 못하면

일 잘하는 사람은 아닙니다.

시키는 일은 그럭저럭하지만 자율적으로 일을 챙기지 못한다면

이 또한 일 잘하는 사람의 기준과는 한참 거리가 멉니다.

일을 하긴 하지만 시간이 오래 걸리고 관리비용도 많이 든다면

다른 사람들이 도와줘야 겨우 일을 끝낼 수 있다는 뜻입니다.

이럴 때 어떻게 해야 할지 리더들은 정말 난감해합니다.

일에는 정해진 유통기한이 있고, 수요자의 요구사항도 명확한데,

단지 근무 태도만 좋다고 해서 함께 일할 수 있을까요?

일 잘하는 기준은

수요자가 기대하는 역할과 책임을 다하는 것이고,

역할과 책임을 다한다는 것은 일해서 성과를 창출해내는 것이고,

지속적으로 성과를 창출해내는 능력과 역량이 있다는 의미입니다.

직장에서 근태와 태도는 기본 중 기본입니다.

일하는 사람의 본분은 책임을 완수하는 것입니다.

실수하거나 실패하지 않고 기대하는 성과를 창출해야 합니다.

조직에서도 일 잘하는 사람의 기준을 확실하게 바꾸어야 합니다.

일의 결과물보다 일 자체에 의미를 두는 사람,

할 일도 없이 늦게 퇴근하고, 위에서 시키는 대로 순종하는 사람은

이제 예전 사람이고, 일을 제대로 못 하는 사람입니다.

자발적·자율적으로 일하되 조직의 규칙을 지키고,

조직에 기여하려는 미션과 비전이 명확하고,

기간별로 자신이 수행해야 할 역할과 책임을 명확하게 인식하고,

과정성과와 최종성과를 지속적으로 창출해내고,

역할과 책임을 수행하기 위해

필요한 능력과 역량을 학습하고 훈련하는

자기완결적인 사람이 이 시대에 필요한 인재상입니다.

"일 잘하는 사람은 자기완결적으로 일하여
조직이 원하는 성과를 창출하는 사람이다.
자기완결적인 사람은 눈앞에 닥친 과제뿐만 아니라,
미래 성과창출을 위한 선행 과제,
부족한 역량을 개선하기 위한 자기개발 과제까지,
월간, 주간 단위로 과정목표를 설정해서 실천하는 사람이다."

연말이나 연초가 되면 자신이 왜 승진하지 못했는지
이유를 모르겠다는 사람이 많습니다.
승진은 과거 '실적'에 대한 보상이기도 하지만, 미래의 가능성,
성장과 발전에 대한 기대감이 더 크게 작용합니다.
제가 굳이 '성과'가 아니라 '실적'이라고 한 데에는 이유가 있습니다.
사람들이 자기가 승진해야 한다며 내세우는 것들은
나름대로 열심히 노력했다고 우기는 '실적'이지
회사나 조직에서 기대한 '성과'가 아니기 때문입니다.

이유 여하를 막론하고
자신의 차별화된 가치를 증명하지 못하면

언제든 자신보다 더 나은 인재로 대체될 수 있다는 사실을 명심하고
자신의 존재가치를 어제보다 성장시켜야 합니다.
자신의 능력과 역량을 객관적으로 냉정하게 평가해 보면
자신의 직위가 어디에 위치해야 하는지 알 수 있습니다.

무엇을 위해 인생을 살아가는가?
추구하는 인생의 가치가 무엇인가?
현재 근무하고 있는 직장에 기여하려는 미션과 가치는 무엇인가?
지금 직장에서 되고 싶은 모습,
즉 비전이 구체적으로 무엇인가?
그 비전은 회사의 미래에 어떻게 기여하는가?

자신이 근무하는 직장이야 어떻게 되든 관심 없고,
그저 자기 이익만 챙기는 근시안적 모습은 아닌지
냉정하게 자기 모습을 되돌아보고 반성해 보아야 합니다.
요즘 세태와 세대를 핑계로 대는 것은 비겁합니다.
차라리 당신 생각이 그렇다고 털어놓는 것이 솔직한 겁니다.
시대가 달라지고 세태가 변해도 본질은 변하지 않습니다.
시류에 영합하고 가볍게 행동하는 사람을
아마추어라고 하지 프로페셔널이라고 하지는 않습니다.
프로는 본질에 충실하고, 가치를 창출하며,

기여하고자 하는 미션과 비전이 명확합니다.

'사람 좋다'라는 말과 '프로답다'라는 말은 전혀 다릅니다.

진정한 프로가 그리운 요즘입니다.

성과만 좋으면 다른 건 부수적이라고 생각하는 사람들이 많습니다.

성과는 승진을 위한 자격요건일 뿐 결정적인 심사요건은 아닙니다.

매출이나 수주 성과가 좋으면 성과급으로 보상하면 됩니다.

승진의 중요한 요건은 상위 직책자로서의 역할수행 가능성입니다.

또한 현 직위에서 얼마나 역량이 성장하고 발전하였는가도

승진의 중요한 이유 중 하나가 될 것입니다.

직위가 올라갈수록 인품, 대인관계 역량,

매니지먼트 역량, 협업 역량이 중요할 수밖에 없습니다.

혼자가 아니라 함께 일해야 하기 때문입니다.

다 필요 없고 '일만 잘하면 된다'라고 생각하는 사람을 보면,

뭘 모르는 건지, 생각이 없는 건지 참으로 한심합니다.

자기 일의 경우에도 대개는 혼자만 잘하면 된다고 생각하지만

상위리더의 성과코칭, 하위리더나 실무성과책임자들의 협업,

유관 부서원들과의 협업, 외부 협력자들과의 협업이 필요하기 때문에

자기 역할과 책임의 완수, 구성원들과의 협업이 전제되지 않고서는
결코 자기 역할에서 기대하는 성과를 창출하기 어렵다는 것을
명심하고 또 명심해야 합니다.

매출이나 수치 목표의 결과만 좋은 사람은
돈으로 보상하면 됩니다.
매출이나 실적은 좋은데 팀워크가 좋지 않거나, 예의가 없거나,
동료들을 배려할 줄 모르는 사람은 승진시켜서는 안 됩니다.

"조직과 자신의 미래,
자신의 고객과 동료,
자신의 능력과 역량을 함께 고민하는 사람이
미래가 기대되는 프로이고 일잘러다."

미래를 기준으로 현재를 보고,
부분을 보기보다 전체를 봐야 한다

세상에 못난 사람 중에 못난 사람이 남 탓하는 사람입니다.

지금까지 살면서 남 탓하는 사람이 잘되는 걸 본 적이 없습니다.

상대방이나 외부환경이 걸림돌이 되지 않게 하려면,

자신이 먼저 협업을 유도해 선제적으로 리스크를 해소해야 합니다.

징징대거나 칭얼거리는 건 별로 도움이 되지 않습니다.

밤을 새우더라도 문제가 해결될 때까지 간절하게 고민해야 합니다.

고민하는 일 자체가 힘들고 어려우니까 지레 겁을 먹고

도망가려는 것은 아닌지 자신을 냉정하게 돌아봐야 합니다.

말로만 간절함과 절실함을 내뱉으며

실제 생각과 행동은 이전과 똑같지 않은지 살펴봐야 합니다.

"감정적으로 반성하지 말고 프로세스로 반성해야 합니다."

일이 잘못되고 나서 변명하고 책임을 전가해 본들

이미 잘못된 일이 잘될 리 없지 않습니까?

중요한 것은 앞으로 또다시 반복하지 않는 것입니다.

남의 잘못은 커 보이고, 자기 잘못은 작아 보이기 마련입니다.

자기 잘못은 정당화되고 합리화되는 경우가 많습니다.

일의 결과가 잘못되었을 때

외부환경이나 타인을 핑계 대고 변명하는 이유는 분명합니다.

자신의 기준으로 일을 보고, 자기 자신을 보기 때문입니다.

자기 눈에는 자신이 늘 옳고 잘하는 것 같습니다.

현재를 기준으로 현재를 바라보기보다,

미래를 기준으로 현재를 멀리 내다보고,

부분보다는 전체를 기준으로 크게 바라보아야 희망이 생깁니다.

언제까지 과거를 기준으로 현재를 보면서

불평을 늘어놓을 겁니까?

그런 모습을 보면, 참으로 가엾고 딱한 마음이 듭니다.

자신의 능력과 역량은 언제나 수요자, 고객, 조직을 기준으로

평가해야 객관적이고 공정하게 평가할 수 있습니다.

일을 얼마나 잘했느냐에 대한 판단도

자기 기준에서 일을 얼마나 열심히 했느냐가 아니라,

수요자가 기대하는 결과물의 기준에서

얼마나 성과를 창출해냈느냐로 평가해야 합니다.

자기 혼자 일할 때는 수요자가 '미래'입니다.

다른 사람과 상관없이 자기 혼자 일할 때도

일을 시작하기 전에,

끝내야 할 일정 기준과 끝냈을 때 기대하는 결과물의 기준을

정해두어야 합니다.

일을 끝낸 뒤에는

스스로 성과평가하고 피드백하는 습관을 체질화해야

지속적으로 성장하고 발전할 수 있습니다.

일의 결과가 기대에 미치지 못했다면,

프로세스 기준을 점검하고 평가해 봐야 합니다.

성과목표는 건물의 설계도면처럼 구체적인가?

기대하는 결과물을 수요자와 사전에 합의했는가?

성과창출전략은 고정변수목표와 변동변수목표로 나누어

타깃별 공략방법을 수립하고 상위리더의 성과코칭을 받았는가?

예상 리스크 요인을 외부환경 요인과 내부역량 요인으로 나누고

대응 방안과 플랜 B를 마련해 성과코칭 받았는가?

연간목표나 반기 목표, 분기 목표를 성과로 창출해내기 위해
월간, 주간, 일일 성과목표와 인과적인 전략을 수립하고
상위 리더의 성과코칭을 통해 기준을 검증받고 실행했는가?
주간이나 월간 과정성과를 평가하고 피드백을 성과코칭 받았는가?
이렇게 프로세스를 잘 지켰는데도 성과가 창출되지 않았다면,
그건 당신 잘못이 아닙니다.

"일을 하고 나서 남 탓하지 말고,
일을 하기 전에 성과목표를 합의해야 한다.
일의 결과가 기대에 미치지 못했다면,
프로세스를 기준으로 점검하고 평가해야 한다."

일한다는 것은 성과를 창출하기 위해 문제를 해결하는 것이다

일을 한다는 것은 정해진 기간 내에
실행자가 생각하는 기준대로 일을 끝내는 것이 아닙니다.
일을 끝내는 것 자체가 일하는 목적이 아니라는 의미입니다.

일을 한다는 것은 일의 결과물을 가치판단하는 수요자가
기대하는 결과물의 기준을 성과로 창출해내기 위해
문제를 해결하는 과정입니다.

문제란 과제나 과업을 수행하여 기대하는 결과물의 상태와
현재 상태의 차이를 말합니다.
무슨 일을 하든

하고자 하는 일의 기대하는 결과물의 달성된 상태와
현재 상태의 객관적인 모습을 모르면 문제를 알 수 없습니다.
문제란 해결방법을 생각해서
행동으로 해결해야 할 대상입니다.

대다수 사람은 자신이 수행할 과제의 문제를
객관적으로 제대로 인식하지 못합니다.
대부분은 과거의 경험과 지식에 근거해서 생각합니다.
'아, 이 일은 어떻게 하면 되겠구나'
'예전에 이 일을 해 본 적이 있지'
'이 일을 해 본 경험이 있는 사람에게 맡기면 잘할 수 있겠지'
'비슷한 사례를 찾아보면 어떻게 일해야 할지 알 수 있을 거야'
이처럼 일 자체의 속성이나 내용에 초점을 맞추어 해결하려 할 뿐,
결과물에 대한 기대 상태와 현재 상태의 차이에 대한
객관적인 인식은 부족한 편입니다.

'이 일을 다음 주까지 끝내야 하는데 어떻게 해야 하지?'
'CEO가 지시한 이 과제의 실행계획을 어떻게 보고하지?'
이처럼 수행해야 할 과제에 대한 현재 상황,
즉 현황을 파악할 수 있어야 기대하는 결과물의 상태를
구체적으로 묘사할 수 있습니다.

과제에 대한 현황 파악을 바탕으로 현재 상태를 규명한 뒤에는,
일을 시작하기 전에 기대하는 결과물을 특징 중심으로 그리고,
결과물의 가치를 판단할 수요자에게 반드시 검증받아야 합니다.
이 검증과정이 바로 '성과코칭'입니다.

기대하는 결과물에 대한 수요자의 생각을 알아내기 위해서는
스케치페이퍼(sketch paper)를 활용하는 것이 효과적입니다.
스케치페이퍼는
일을 시작하기 전에 수요자의 의중을 파악하기 위해
실행자의 의견을 스케치하듯 작성하는 과정입니다.
스케치페이퍼는 스피디한 타이밍이 생명입니다.
아무리 좋은 생각도 유통기한이 지나면 쓸모가 없습니다.
어물쩍대지 말고, 야단맞을까 봐 머뭇거리지 말고
글로 재빨리 생각을 스케치해서 수요자에게
전달하고 소통해야 합니다.

"문제의 실마리는 '현장'과 '수요자'가 쥐고 있다.
현장의 객관적인 상황을 파악하지 못하고,
수요자가 원하는 것을 제대로 알지 못하면
수요자가 기대하는 결과물을 창출할 수 없다."

인생도 직장생활도 경영도
문제해결의 연속이다

성과는 중장기나 연간 단위 프로젝트,

며칠이나 몇 달짜리 프로젝트, 주간·월간·분기 성과목표,

신규고객 확보, 신규시장 개척 등

다양한 형태로 창출할 수 있습니다.

인생은 문제해결의 연속입니다.

문제란 기대하는 결과를 얻기 위해 해결해야 할 대상을 말합니다.

당신은 문제가 발생하면 걱정하고 상황을 해설하는

'해설사'인가요?

아니면 문제를 기어이 해결해내는 '해결사'인가요?

자신의 현재 모습을 객관적으로 진단해보고

해설사보다 해결사로 나아가야 성과를 계속 창출할 수 있습니다.

행운이나 복은, 걱정하면서 결과에 대한 평론을 늘어놓거나,

문제를 제기하면서 개선하지 않는 사람에게는 찾아오지 않습니다.

인생에 바람 잘 날은 단 하루도 없습니다.

아무 일 없이 그냥 지나가는 날은 손에 꼽을 정도입니다.

그만큼 인생이라는 것은 문제해결의 연속이라고 할 수 있습니다.

직장생활도 마찬가지입니다.

거래를 하는 시장에는 고객이 있고 경쟁자가 있고

심판을 보는 각종 제도와 기준이 있습니다.

우리는 이것을 외부환경 요인이라고 합니다.

시장에서 거래할 제품이나 서비스를 준비하는 내부에는

조직과 사람과 프로세스가 있습니다.

우리는 이것을 내부역량 요인이라고 합니다.

이익을 창출하기 위해서는, 고객이 원하는 상품,

경쟁자와 차별화된 가치를 제공하는 상품을 공급해야 합니다.

고객이 원하는 상품을 공급하고,

경쟁자보다 차별화된 가치를 고객에게 제공하기 위해서는

조직과 사람과 프로세스가 고객지향적, 가치지향적,

미래지향적이어야 합니다.

그래야 경쟁자와 차별화되어 보이고, 과거와 달라 보이고,

미래와 희망을 볼 수 있기 때문입니다.

이것을 우리는 경쟁우위, 경쟁력이라고 합니다.

경쟁력은 제품(Product), 프로세스(Process), 사람(People)이라는

3P 관점에서 차별화되고 탁월해야 합니다.

고객의 니즈와 원츠는 어제와 오늘이 다르고,

경쟁자는 고객을 더 많이 데려가기 위해 절치부심 노력하고 있고,

세상의 기술과 제반 환경은 너무 빠르게 변화하고 있습니다.

매일 변화하는 환경에서 살아남으려면

스스로 끊임없이 변화하며

창의적으로 시장에 가치를 제공해야 합니다.

그러기 위해서는 끊임없이 기대하는 목표(To be)를 설정하고

현재상태(As is)를 객관화해서 갭(Gap)을 타깃 중심으로 찾아내고

지속적으로 문제를 해결해나가야 합니다.

이것을 설정형 문제해결 프로세스라고 합니다.

경영과 직장생활의 본질도 이렇게 문제해결의 연속입니다.

문제가 발생했을 때 결과와 현상에 대해 잘잘못만 따지기보다는

근본적인 원인을 분석하고, 유사한 문제가 발생하지 않도록

개선 사항을 찾아내서 실천하는 것이 중요합니다.

문제가 발생했을 때 호들갑을 떨면서 대책 회의를 하기보다

예상되는 문제를 미리 도출하고 사전에 방지하기 위한
인과적인 전략을 수립하고 예방하는 것이 더 중요합니다.

회의라는 명목으로 모여 앉아 각자의 경험과 직관을 동원해가며
점쟁이나 평론가처럼 추상적이고 애매모호한 이야기를 하거나,
앞으로가 걱정된다느니, 예상 달성률이 85%쯤 되겠다느니 하며
애매모호한 이야기로 걱정을 부추기기보다,
현장과 고객을 중심으로 구체적이고 창의적인 고민을 해야 합니다.
차라리 그 시간에 기대하는 상태와 현재 상태의 갭을 구체화해서
문제를 객관화하고 근본적 원인을 찾아내서 해결 방법을 고민하는
생산적인 문제해결 회의를 하는 것이 좋습니다.

“걱정만 하면서 바라보고 있으면
자신이 원하는 미래는 결코 다가오지 않는다.
원하는 미래 성과를 현실로 만들 유일한 방법은
인과적인 선행전략을 실행하는 것이다.”

실천적 인과적으로 생각하면
생각한 대로 이루어진다

당신이 생각하는 당신의 미래는 어떤 모습인가요?

당신이 생각하는 인생의 미션과 비전은 무엇인가요?

미션과 비전을 달성하기 위한 연도별 목표와 전략은 무엇인가요?

올해 성과목표와 인과적인 전략을 성과로 창출하기 위한

이번 달의 과정성과목표와 인과적인 전략은 무엇인가요?

당신이 근무하고 있는 직장에 기여하고자 하는 미션과

미래의 어느 시점에 달성하고자 하는 비전은 무엇인가요?

올해 비전을 달성하기 위한 자기계발 목표는 무엇인가요?

올해의 자기계발 목표를 위해

이달 말까지 창출한 성과는 무엇이고,

다음 달 말까지 달성하고자 하는 월간 목표와

분기 말까지 달성하고자 하는 분기 목표는

구체적으로 무엇인가요?

이달 자기계발 목표 달성을 위해

주간과 일일 단위로 할 일을 캐스케이딩하여

구체적인 행동과 행동의 결과물을 목표로 세우고

하나하나 달성해 나가고 있습니까?

당신이 생각하는 우리 회사의 미래는 어떤 모습인가요?

당신이 임원이나 팀장이라면 당신이 책임지고 있는 조직이

이번 달에 기대하는 구체적인 미래는 어떤 모습인가요?

상위조직에 기여해야 할 성과목표는 어떤 모습인가요?

상위조직의 성과창출에 기여하기 위한 선행목표로서

업무수행을 통해 창출해야 할 업무성과목표는 어떤 모습인가요?

업무성과목표를 달성하기 위해 업무프로세스 개선이나

리더의 역할역량이나 실무자들의 실무능력이나 역량은

지난달에 비해 이번 달 말에 어떤 모습이길 기대하고 있나요?

당신이 생각하는 오늘 할 일의 기대하는 결과물은 어떤 모습인가요?

기대하는 결과물을 성과로 창출해내는 과정에서

예상되는 문제가 무엇이며 대응 방안은 무엇인가요?

생각의 핵심은 3가지입니다.

첫째, 정해진 기간에 해야 할 일은?

둘째, 기대하는 결과물의 모습은?

셋째, 기대하는 결과물을 성과로 창출하기 위한 전략과 행동계획은?

머릿속에 있는 생각은 주관적인 생각입니다.

주관적인 생각은 휘발성이 강하고 체계가 없고 뒤죽박죽입니다.

주관적인 생각을 글로 표현하면 객관적인 생각이 됩니다.

객관적인 생각은 구체적이고 순서가 있고 체계적입니다.

"생각에만 머무르고 행동으로 연결하지 못한다면
실천적 생각을 제대로 하지 않은 것이다.
행동만 하고 성과를 창출하지 못한다면
인과적 생각을 제대로 하지 않은 것이다."

잉여 인간이 되고 싶지 않다면,
현실을 계속 혁신해야 한다

요즘 조직에서 '1인분 업무'라는 개념이 이슈입니다.

특히 임원과 팀장과 같은 직책 수행자들이

자신이 책임지는 조직의 업무를 관리하는 데 그치지 말고

자신의 고유한 역할을 다해야 한다는 취지로 나온 개념입니다.

자신이 조직의 진정한 리더라면

하위리더나 실무자에게 업무를 지시하고 결과를 보고받고

회의를 주재하는 단순 관리역할에 머물지 말아야 합니다.

조직의 미래비전을 창출하기 위해

올해, 이번 분기, 이번 달, 이번 주, 오늘 수행할 과제를

선제적으로 찾아내서 직접 수행하고,

자신이 책임지고 있는 조직을 개선하고 혁신하며,

하위조직이나 실무자들이 난도가 높아 처리하지 못하는 과제를

직접 실행하여 조직의 성과창출에 기여할 수 있는

고유역할을 수행해야 한다는 의미입니다.

임원, 팀장, 팀원과 같이

직책이 다르면 역할과 책임도 다릅니다.

임원이나 팀장 같은 리더들은 자신의 고유역할도 수행해야 하지만,

하위조직이나 팀원들의 성과창출 과정을 코칭하고,

능력을 개발시키고, 역량을 훈련시키는 육성 과제를

반드시 관리역할의 하나로 인식하고 실행해 나가야 합니다.

대부분의 사람들이 현실에 안주하고 있을 때,

혁신적인 사람은 미래의 비전을 구체화하고

현재의 수준을 객관화한 다음

차이를 문제로 도출해 지속적으로 해결해나갑니다.

현실에 안주한다는 것은

미래에 기여하는 선행과제를 외면한 채,

현실에 머물 수밖에 없는 과거의 행위를 반복하는 일입니다.

현실에 안주하는 사람인 잉여 인간은 문제의식이 부족합니다.
불안하고 걱정되는 마음을 문제의식과 혼동하는 경우도 많습니다.
잉여 인간들은 기대하는 미래를 규정하는 데 능숙하지 못하고
미래 대비 현재 수준을 객관화하는 데 서툴기 때문에
해결해야 할 문제를 제대로 찾아내지 못합니다.
당연히 자신이 원하는 미래를 다가오게 하지 못합니다.

당신은 현실에 안주하는 사람입니까?
그렇다면 당신은 '잉여 인간'으로 불릴 가능성이 큽니다.
당신은 현실을 혁신하는 사람입니까?
그렇다면 당신은 혁신적인 사람,
'창조인간'으로 불릴 가능성이 큽니다.

당신이 혁신적인 사람이라면
올해, 이번 분기, 이번 달, 이번 주, 오늘 실행해야 할 미션 중에
혁신과제가 분명하게 있을 것입니다.

"혁신적인 사람은 문제를 찾아내서 해결해나가는 사람이다.
조직에 혁신적인 실천가가 10%, 아니 1%만 있어도
그 조직은 미래를 향해 거침없이 나아갈 수 있다."

혁신하지 않으면 흔적도 없이 사라진다

과거 성장 시대의 논리와 공급자 중심의 사고방식으로는
지금 성숙 시대와 수요자 중심 시대에서 살아남을 수 없습니다.

나름 열심히 책도 읽고, 명사들의 강의를 들으며 해법을 구하고,
찾은 해법을 적용해보면 통할 것 같았는데,
막상 현장에 적용해보려고 하니까 잘 안 됩니다.
지금까지 기업의 문제는 제도의 문제라기보다
CEO, 임원, 팀장과 같은 직책자들의 문제였습니다.
성과관리제도와 시스템, 새로운 기법들을 도입해서
적용해보고자 하지만 말처럼 쉽지 않습니다.
CEO와 임원, 팀장들의 역할 행동을 업무수행 과정에서

어떻게 개선하고 혁신해야 하는가가 핵심 포인트인데
다들 제도 탓, 환경 탓, 직원 탓으로 돌리고 있습니다.

혼자서는 죽었다 깨어나도 변할 수 없습니다.
마음을 굳게 먹고 실천해서 성공하는 기업은
100곳 중 한 곳 있을까 말까 합니다.
전문가를 투입해 일상 활동에 밀착해서 성과코치 역할을 하며
하나하나 뜯어고쳐야 하는데,
대충 'CEO나 주관부서에서 제도를 만들고 실행하면 되겠지' 하고
낙관적으로 접근하면 현실에서 제대로 구현되지 않습니다.
그래도 아직은 개선의 시간이 남아 있습니다.
지금이라도 외부환경을 걱정하고 원가절감 타령을 하기 전에
자신의 기업이 미래의 비전과 목표를 품고 현실에서 살아남기 위해
무엇을 해야 하는지 냉정하게 생각하고 과감하게 실천해야 합니다.

혁신의 핵심은 3가지입니다.
첫째, 일하는 프로세스를 업무관리 중심에서
성과창출 프로세스 중심으로 혁신해야 합니다.
둘째, 임원과 팀장들을 상사 노릇에서 리더 역할로
혁신해내야 합니다.
셋째, 팀원을 실무자, 팔로워에서

성과책임자로 혁신해내야 합니다.

이는 대기업, 중소기업 할 것 없이

모든 조직과 구성원들에게 해당하는 혁신과제입니다.

혁신과제를 모르지는 않을 것입니다.

하지만 변화와 혁신에는 저항과 반대가 만만치 않습니다.

당연합니다. 인간은 본질적으로 변화와 혁신을 싫어합니다.

미래의 성장과 발전을 위해서는

저항과 반대를 무릅쓰고 과감하게 혁신해내야

기대하는 미래를 희망할 수 있다는 것을 명심해야 합니다.

해답과 방향은 주어졌지만, 실천을 어떻게 하느냐에 따라

당신의 기업은 계속기업이 될 수도 서서히 침몰할 수도 있습니다.

결정은 당신의 몫입니다.

쓸데없는 핑계와 변명은 아직 당신이 절실하지 않다는 증거입니다.

미래의 결과는 그것이 무엇이든 당신 책임입니다.

혁신을 위한 방법으로 평가제도나 보상제도를 고민하기 전에

일하는 문화를 공정하고 투명하게 혁신해야 합니다.

일을 해서 정해진 기간 내에 상위리더가 기대하는 결과물을

성과로 창출해내는 것은 일하는 직장인들이라면

누구나 실행해내야 하는 숙제입니다.

상위리더가 기대하는 성과를 창출해내기 위해서는

무엇보다도 일을 시작하기 전에 결과물의 수요자인 상위리더,

즉 과제를 지시한 사람과 기대하는 결과물을 사전에 합의하는 것이

매우 중요한 프로세스입니다.

성과목표, 기대하는 결과물의 기준을 상위리더와 합의했다면,

실행하기 위해 협업할 사람과 역할과 책임의 기준을 합의하고,

월간, 주간, 일일 단위의 기간별로 과제와 목표를 설정하여

디테일하게 실행해야 성과가 창출될 수 있습니다.

"혁신하지 않으면 흔적도 없이 사라진다.
찬란한 미래는 치열한 현재가 결정한다."

조직의 미래를 고민하는 리더에게 드리는 제언

현장에서 수많은 리더와 책임자들을 만나며 느끼는 점이 있습니다. 그들의 고민이 결국 '사람과 일하고 소통하는' 데서 비롯된다는 점입니다. 이 책은 바로 그 '일하고 소통하는 방식의 혁신'을 다룹니다. 이를 통해 체질을 바꾸고 성과를 창출하는 조직으로 거듭나기 위한 조언을 담았습니다.

이 책을 꼭 읽었으면 하는 분들이 있습니다. 첫째, CEO, 임원, 부서장, 팀장, 파트장, 그룹장, 지점장과 같은 조직의 리더분들입니다. 공공기관이라면 기관장, 국장, 과장, 팀장분들이 여기에 해당할 것입니다. 또한, 타인을 가르치는 일을 업으로 삼는 분들께 이 책을 꼭 경독청(傾讀聽)하시기를 권합니다. 아울러 일반인이나 조직의 실무자들께서도 꼭 한번 읽어보시길 바랍니다. 이 책은 실무적으로 무엇을 어떻게 혁신해야 하는지에 대한 구체적인 팁(Tips)으로 가득 차 있습니다.

우리 사회는 이미 고도성장기와 산업사회를 지나 저성장·성숙 시대, 그리고 디지털 지식사회로 진입했습니다. 그러나 현실은 어떻습니까? 조직과 사람, 업무와 소통을 관리하는 방식이 여전히 과거 산업사회 방식에 머물러 있습니다.

과거에는 CEO나 임원, 팀장을 '상사'라고 칭했고, 팀원들을 '부하'나 '아랫사람'이라 불렀습니다. 지금 이 시대에 가장 시급한 핵심 과제는 상사를 '리더'로, 부하를 '성과책임자'로 혁신시키는 것입니다. 무엇보다 상사의 역할을 리더로 전환하는 것이야말로 최우선 과제입니다. 본부장과 임원, 팀장이 상사에서 리더로 거듭날 때, 팀원과 실무자들 또한 자연스럽게 성과책임자로 변화할 것이기 때문입니다.

이 책은 직책 수행자들에게 단순히 훈계하거나 잔소리하는 책이 아닙니다. 리더십을 제대로 발휘하기 위한 이치와 원리, 방법을 다론 책입니다. 특히 기업 강사와 경영 컨설턴트, 교육자분들이 꼭 '경독청' 하기를 바랍니다. 현재 교육 현장에서 전달되는 내용 중 상당수가 과거의 방식에 머물러 있기 때문입니다. 이 책을 깊이 읽고 새긴다면, 개선하고 혁신해야 할 지점들을 명확히 정리할 수 있을 것입니다.

팀원들은 자기주도적으로 역할과 책임을 수행하여, 지속 가능한 성과를 자기완결적으로 창출해야 하는 '성과 주체'입니다. 하지만 이는 결코 혼자서 해낼 수 있는 일이 아닙니다. 이 책을 통해 상위 리더와의 수직적 협업은 물론, 동료 및 유관 부서와의 수평적 협업 방식에 대한 실무적 통찰을 얻을 수 있을 것입니다.

지금까지 대부분의 조직은 '상사 중심의 집단 관리 방식'으로 운영되어 왔습니다. 그러나 앞으로는 '실무 성과책임자 중심의 개인 관리 방식'으로 전환될 수밖에 없습니다. 상사는 리더로 혁신되어야 하고, 팀원은 팔로워가 아닌 성과책임자가 되어야 합니다. 일하는 방식은 단순한 실적 관리가 아닌 '성과 창출 방식'으로 변해야 합니다.

이 책이 조직과 사람, 업무와 소통 방식을 혁신하는 데 소중한 실마리가 될 것으로 확신합니다. 모쪼록 이 책이 대한민국 모든 조직과 리더, 그리고 구성원들이 변화하는 결정적인 트리거(Trigger)가 되기를 간절히 소망합니다.

류랑도의 **경영직설**

초　　판　**1쇄 인쇄** 2026년 3월 10일
　　　　　　1쇄 발행 2026년 3월 13일
지 은 이　류랑도
펴 낸 이　박경수
펴 낸 곳　페가수스
등록번호　제2011-000050호
등록일자　2008년 1월 17일
주　　소　서울시 도봉구 도당로 76, 302호
전　　화　070-8774-7933
팩　　스　0504-477-3133
이 메 일　soobac@gmail.com

ISBN 978-89-94651-67-5 03300

※잘못된 책은 바꾸어 드립니다.
※책값은 뒤표지에 있습니다.